詐騙心理學

世の中で悪用されている心理テクニック

破解邪教團體、詐騙犯慣用的心理技巧

Birdie／著　衛宮紘／譯

前言　「詐騙」的慣用心理技巧

感謝各位讀者購買本書。

如同本書書名《詐騙心理學》，在我們身邊充斥著許多令人防不勝防的詐騙案件，有些甚至會危及人生，如金錢、財產、人際關係、心靈等方面。

「邪教團體」「詐騙」「算命」「神明起乩」「老鼠會」「洗腦」……

這些一聽就覺得可疑的單詞，大多數人或許會認為「這和我沒有關係。」

但是，這麼想可就錯了。

這些事件絕非僅存在於遙遠的世界裡，**它們只需巧妙改變名稱、描述方式，就能簡單融入我們的日常生活**。然後，再透過各種具有社會信用的媒體，宛若理所當然地擴散、侵入我們的生活之中。

比如，近年日本媒體炒得沸沸揚揚，滲透一般大眾的「靈能者（Mentalist）」。

許多人會說「催眠術」不科學，但卻覺得「讀心術（Mentalism）」是科學的。不對，與其說是如此認為，不如說是如此深信會比較正確吧。**這些人是以什麼來區分科學與非科學？**明明自己又沒有專業的科學知識……。

就多年以催眠魔術師的身份向世人表演催眠術、魔術的我來說，**「催眠術」、「讀心術」不過是大家憑藉固有觀念、主觀深信，擅自決定「相信與不相信」罷了**。

「語言謬誤」、「主觀深信」……這樣的情況時常發生在我們身邊。

明明沒有任何根據卻深信不疑，因此上當受騙，讓自己蒙受巨大的損失。最近，詐騙手法更是無奇不有。

或許，**人生「贏家」與「輸家」的差異，就在於知不知道這其中的機制**。

拿起這本書，並且擁有非凡直覺與感受性的你，期望你也能成為人生上的「贏家」。

心理技巧並非全為不好的東西。**若能正確使用，可以讓人生過得更加豐富多采**。

本書將完全公開心懷不軌的邪教團體、超能力者、算命師、詐騙犯等，**猖獗**

社會的「騙子」所使用的「心理技巧」，並傳授看穿這些詭計、保護自己的方法。

另外，本書還會分享**如何正確使用心理技巧**豐富你的人生。

這邊所介紹的全是嚴選簡單且實用的技巧。**為了幫助讀者馬上應用，我還準備「三秒學會催眠SOP」，這是我獨自開發的催眠範文**。只要參照範文上的內容，就能發揮心理技巧的效果。

不僅只有**初學者**，相信本書的內容也能滿足**已經接觸催眠術、讀心術的人**。

本書詳盡收錄常聽聞的心理技巧，介紹其本來的使用方法、實際情況與發揮其效果的技巧。

第1章「是怪力亂神，還是一場騙局」，將徹底解說多數人所誤解的心理技巧世界。

第2章「愈是信心滿滿，愈容易受騙上當」，將從「容易被催眠」與「不易被催眠」，兩種人的差異切入，說明人被欺騙時，大腦、心理的運作機制。

第3章「詐騙教戰守則」如同字面上的意思，將完全公開猖獗社會的騙子所使用的心理技巧與詭計。

第4章：「詐騙技巧的正面運用，無往不利、隨心所欲」，將具體解說用來豐富你的人生的正確心理技巧。

第5章「催眠術應當被毀滅」，將揭曉過去催眠術世界的負面意象，同時提示其未來的展望與熟習心理技巧的方式。

本書詳盡收錄**我多年來身為「催眠魔術師」實際的經歷體驗，所推導的真諦**。

如果本書能夠讓你大開眼界，幫助你提防不肖之徒，並利用這些心理技巧讓人生更添風采，我將會感到無比的榮幸。

第1章

是怪力亂神，還是一場騙局——超能力者都是心理學權威？

第2章

愈是信心滿滿，愈容易受騙上當——容易被催眠的人與不易被催眠的人

第3章

詐騙教戰守則——被濫用的行騙技巧

第4章

詐騙技巧的正面運用，無往不利、隨心所欲

第5章 催眠術應當被毀滅

第1章

是怪力亂神，還是一場騙局

——超能力者都是心理學權威？

不相信「降靈術」，說成是「心理學」卻相信

近來，一般人多會認為「Mentalist」就是「讀心師」的意思。

這是由於這些人上媒體時，多為表演讀心術的緣故。

但其實這一詞從很早以前就已經出現，過去這個詞的意思更偏向「靈能者」，是指具有心靈感應能力的人，自稱能夠洞察他人心思或把自己思想傳達給他人，在十九世紀的歐洲還曾刮起降靈術的熱潮，那個時代的人幾乎都相信心靈現象。

從福克斯（Fox）姐妹的「海德村（Hydesville）事件」，謊稱捻動腳趾關節發出辟啪聲為「靈魂的回覆」，到在黑暗中使用鋼琴線懸浮椅子，整個歐洲被捲入靈異世界當中，引起一股降靈術風潮。

這些表演「冒牌靈媒」把戲的人，當時的人稱之為「靈能者」。

如今，這些現象在魔術愛好者之間被稱為「心靈魔術」，保留靈媒使用的花招手法，昇華成一種魔術表演。

據說，當時甚至連以《夏洛克・福爾摩斯》成名的亞瑟・柯南・道爾等知識份子、政治家，都相信妖精、靈魂的存在（花仙子靈異照片事件）。時代再往前追溯，催眠術（hypnotism）始祖法蘭茲・安東・梅斯梅爾（Franz Anton Mesmer）提出動物磁力（mesmerism）大為盛行；再更往前追溯，還有陰陽師、薩滿教（Shamanism）……等。

群眾所信信的根據，會因時代、環境而改變。

舉例來說，假設你穿越時空回到中世紀歐洲，讓當時的人們視聽ＤＶＤ播放出來的聲音影像，你該怎麼向大眾解釋其中的原理呢？如果僅說「這是科學。」大概沒有人會理你吧。

「這個箱子寄宿了靈魂。」這樣描述會比較妥當。如此一來，人們就會讚賞：「這個人是靈媒專家。」

但是，到了現代，靈能者在演出「讀心」、「找到遺失物」、「傳達死者的訊息」等靈異現象時，必須提出「心理學」的相關根據。

現代人大多不相信靈魂、妖精，而是信奉科學、學術，所以與其用「邪靈作怪」、「降靈成功」的說法，說成是心理學會更具有說服力。

沒錯，**兩百年前的人們與二十一世紀的我們沒有什麼不同，同樣容易相信毫無理由的根據**。

接受現代靈能者所提示「心理學」根據的我們，與認同「邪靈作怪」的說法並毫不懷疑相信靈魂存在的兩百年前古人，同樣非常危險。

我們不是心理學專家，沒有辦法證明其中的根據。儘管如此，「心理學」一詞，卻如同兩百年前的「降靈術」，在科學、學術發達的現代，被認為是「理所當然的字詞」，甚至不覺得有必要去證明它。

世界上所有一切都是催眠術

僅作為舞台演出還算無傷大雅，但世上卻猖獗著謊稱科學的「冒牌貨」。

如同醫療領域有「偽科學」這樣的說法，這些冒牌主張聽起來像是有科學根據，所以社會上才會充斥各種乍看之下荒唐的詐騙手段。

其實，「相信」這個心理，與催眠術、暗示、魔術等大家所不熟悉的世界有很深的關係。

學習催眠術、暗示的原理，能讓你稍微了解魔術師的手法，接下來，就能以第三者的視角理解「其中的真意」，防止自己被騙或者因人際關係、戀愛陷入疑心暗病之中。

除了上述的自我防衛之外，在日常生活中也非常實用，比如：

「想要和這個人變親近，我該怎麼行動？」

「想要讓這項商品賣得好，我該怎麼推銷？」

自己會變得不再憑感覺行事，「這樣做會讓對方產生這樣的感覺，所以先發出這樣訊息。」而是具體策劃下一步該怎麼行動。

在撰寫本書的同時，我還有錄製魔術教學ＤＶＤ，僅僅不到一個月的時間就登上魔術商城的年度銷售冠軍。雖然聽起來像是自賣自誇，但我真的成為二〇一六年日本魔術師教學ＤＶＤ最暢銷的魔術師。

這大概可歸因於我熟習催眠術的知識，而且有過連續好幾天以魔術「欺騙他人」的經驗，才能達到這般「暗示」的銷售手法吧。

在翻閱本書之前，你可能會懷疑：「真的有催眠術嗎？」這和我在敲開催眠教室大門之前是同樣的心情。

不過，讀完本書之後，相信你肯定也會認為：「催眠術一點都不難。」

而且，你會開始覺得，**只要運用催眠術的思維，不管是戀愛、地位、工作業績，你想要的東西都能得到，甚至能夠看穿詐騙、銷售騙術等**。

我們可以說「這個世上的一切都是催眠術」，但也可反過來說「催眠術其實並不存在」。

了解催眠就是知曉世間一切，那麼催眠就等同於不存在。

你現在或許還沒有這樣的體會，但請繼續閱讀後面的詳細內容。

閱讀完後，相信你也會邊笑邊說：「原來如此。」

面對未知事物的心理變化

眼前所發生的現象是超能力？還是魔術？

雖然多數人說「彎曲湯匙是超能力」，但仍舊爭議不斷，其中的原因只有一個。那就是，**「不曉得那是怎麼辦到的。」**

人在面對未知的事物時，內心會產生畏懼。並想要尋求根據。

但是，自己卻不知道……

看完魔術後會想問「是怎麼辦到的？」想像一下這個心理，可能會比較容易理解。

這個「是怎麼辦到的？」所隱含的心理，就是「我不知道！好可怕！拜託告訴我！」

雖然聽起來理所當然，那麼沒有表現出「告訴我！」的觀眾，內心會出現什麼樣的變化呢？他們會告訴自己「這是魔術」，努力讓內心平靜下來。

相反地，魔術酒吧的魔術師在演出彎曲湯匙之前，若沒有宣示「我現在要表演魔術」，相信會有很多客人問：「這是魔術吧？」

他們希望聽到「這是魔術」的答案，藉以讓自己感到安心。

然而，仔細一想，這些客人並不是真的了解「魔術」的手法、花招，自身也不是魔術專家或者魔術師。

不過，魔術對一般人來說並不陌生，經常可在電視上看到相關的演出，大致能掌握其中樣貌，比如「魔術就是讓觀眾抽出的紙牌總是變到最上面的第一張嘛？」

因為有了根據就能獲得安心，所以把彎曲湯匙硬說成是「氣功」，把讀心術解釋為「心理學」，都能讓人覺得「啊！原來如此。」

人為了逃避面對未知事物的恐懼，寧願選擇相信立論點不足的根據——。

如同前面所提到，這是非常危險的行為（僅作為表演的話還好……）。

專攻電漿學知識的大學教授，認為靈魂、鬼火是「電漿」。

然而，我們明明對「電漿是火焰還是電力？」了解不深，但當身邊有人看到恍如鬼火的發光體，大叫：「哇！有鬼火！」很多人會鄙視大叫的人，得意地宣稱：「你有點知識好不好？那是電漿球啦。」

實際上，你可以裝作害怕地說：「前幾天去墳場時，我真的看到鬼火了！」肯定會有人跟你解釋：「那只是電漿球啦。」我身邊還有人會說：「鬼火是遺體中的磷自燃所產生的現象。」（土葬還有可能，但現在多已是火葬……）。

換句話說，當人們看到魔術、超自然現象時，會**自己找理由來減輕對未知事物的恐懼**。

你是否輕易「接受」根據

這邊先稍微整理一下。

「湯匙彎曲了。」

看到的人會問：「那是怎麼辦到的？」

表演者可任意提示根據。

「這是超能力。」

這是**表演者利用觀眾「想要減輕不安、恐懼」的心理，提示答案來讓觀眾安心。**

除了魔術、彎曲湯匙的表演之外，宗教人士讀心也會採取類似的做法。

「你怎麼會知道！」

「這是神的力量。」

這樣一說，「原來如此，是這麼回事啊。」真的有人直接相信。認為「自己不會有這樣的情況」的人遇到魔術、鬼火時，同樣也會產生「想要減輕不安和恐懼」的心理。

這是相同的心理機制。

正因如此，我們才有必要學習「不接受」、「不相信」、「不認同」的思維，以防自己為了逃避對未知事物的恐懼而輕易接受根據。

一個關鍵詞遠離詐騙

在表演彎曲湯匙時，最令我感到困擾的是**「既然如此」**的想法。

「既然你能簡單彎曲湯匙，為什麼不去金屬加工公司上班呢？」

真的是讓我哭笑不得。

的確，不必接觸就能自由移動物體，肯定還有其他更有意義的用法吧。比如，在危險的情況中作業，或者應用於醫療領域之中。（我真的遇過觀眾認真逼問：「我們要不要討論怎麼運用這份力量來幫助社會？」）

如果大家都有這樣的「既然如此」，那我就得花更多精力才能夠炒熱演出吧，幸好目前還未碰到這樣的情況。

就我個人來說，在彎曲湯匙方面，我自負擁有世界屈指可數的技術。經過不斷研究魔術、機關、精神論、氣功、等各種「心靈魔術」，我最後得到結論是，一切都建立在「催眠術」這項要素之上。

所以，我才能不用輔具也不用事先準備，就能彎曲觀眾帶來的湯匙、鑰匙。

然而，表演本來就需要各種演出效果，**被套上「既然能做到這樣……」的思維，只會讓我感到為難而已**。

反過來說，身為一位表演者，安排演出時就必須考量這方面的問題。

比如，演出「我有透視能力」時，說：「我會使用讀心，說中觀眾抽出的紙牌。」觀眾有可能說：「既然你能透視，在抽出紙牌的時候就能說中吧？」

所以，我認為，身為一位表演者，必須不斷思索觀眾心中「演出」與「真相」的界線。

如果說成「在空中飛舞的卡片分子進入箱子中」，屬於「演出」。當然，這是不錯的娛樂表演，不會有人真的問：「分子是在空中分解後，再進入箱子中重組的嗎？」

然而，若是說「我可以從小動作、視線飄移，猜出對方心中所想的數字」，肯定會有人問：「真的能夠辦到嗎?請告訴我們『真相』。」

後者屬於讀心術、心靈魔術的範疇。

這並不僅限於魔術，人面對「未知現象」尋求答案時，都有類似的狀況。因此，有些人會產生「既然如此」的思維。

表演成功後，會有人說：「那麼，你猜我現在在想什麼。」也就是「如果你真的能讀心，不用我說出口也不用演出，應該能馬上猜中才對。」

我在自己開的魔術咖啡店也遇過類似的情形，詢問前來的客人：「你想要看什麼表演？」他卻回說：「你用魔術猜我想要看什麼表演。」（雖然這情況跟這邊沒有什麼關係。）

不僅限於魔術（但還是希望不要這樣為難魔術師），如果對可疑的演出、未知現象抱有疑問，**拿出關鍵詞「既然如此」自我防衛，就可以保護自己遠離詐騙**。

「集客術」講師，自己卻招不到學生？

市面上，有許多心理學大學教授出版「人際溝通技巧」相關書籍，雖然銷售跟宣傳手法也有關係，但若能運用心理學吸引消費者，照理來說這些書應該都能成為暢銷書。然而，現實卻不是如此。即便是教導溝通技巧的人，仍會和他人吵架、經歷離婚（事實上，就有心理學者在 Twitter 上大打筆戰）。

經濟學的權威只需要專心投資股票就好，何必出來從事教學生這檔麻煩事呢？

「既然」具有攬客技巧，講師開課教導「集客術」，理應不會遇到招不到學生的窘境；「既然」有絕對賭贏賽馬的系統，應該不用販售該系統也能夠大賺一筆；「既然」身為經營顧問，只需要自己開店不就行了。

如果真的有怨念存在，贏得體育競賽的隊伍，全員都會因敵方隊伍的怨念而身體運作失靈。

就像這些例子，面對未知或者自己無法理解的現象時，**先以「既然如此」的思維來質疑**，是保護自己遠離詐騙、可疑勸誘的第一步。

被洗腦的人都在想什麼？

做不到「既然如此」思維的人，不慎誤信不正當的事物時，反而會執著於自己所相信的東西。

實際上，有許多店會將魔術包裝成超能力，展現不可思議的現象。以前我對超能力感興趣時，每聽聞有類似的店家，都會實際走訪一趟。

某天，我在網路上看到有人說「那家咖啡店的超能力是真的」。

那間店我以前曾經去過，店家只是演出一般的魔術表演，但所提示的根據實在令人不敢苟同。他們動不動就說「我來幫你清除邪氣」，把手懸於客人的頭上，娓娓道出：「你的祖先……」

網頁最後設有「你相信嗎？」的調查選項，我勾選「不相信」並提交表單。然後，該網頁管理者傳送這樣的訊息給我。

「為什麼不相信呢？」

詳細的往返內容這邊就省略，當我回答：「因為魔術也可以做到相同的現象。」對方就傳來這樣回覆：

「你或許能用魔術做到相同的現象，但那位大師是使出真正的超能力。請不要濫用魔術來模仿。」

他是打底從心底這麼認為，我也就不好說服他。

最有趣的是，他說：「那位大師能讓木箭穿過五元日幣的孔洞。這個魔術能夠做到嗎？」

其實，這是名為「箭矢穿孔（矢れば出来る）」的商品，上網搜尋一下就能找到的「販售品」。這是秋田縣的傳統工藝，看到他傳送過來的照片，我差點當場暈倒。我記得我的回覆是「這在市面上可以買到」，並附上商品的連結網址。

這位「信徒」信誓旦旦回覆：

「或許市面有在賣相同的東西，但我是親眼看到木箭穿過去的，那是真正的超能力。」

這完全是被洗腦的狀態。

「洗腦」一詞本來是指「戰爭時的思想改造」，但大家對「洗腦」的印象應該多像是這位信徒的狀態吧。

本書是**將誘導對方相信，定義為「暗示」，而拒絕他人否定自己相信的事物，定義為「洗腦」**。

在被洗腦的狀態下，即便我說：「可見，那位超能力者很會偷天換日。」那位信徒也絕對不會信服。

否定自己堅信的事物，就等同於否定自己本身。

換句話說，受暗示的程度愈為強烈，愈趨近洗腦的狀態。

以這個的例子來說，那位信徒只是拒絕否定自己在網路宣傳上的努力、來回咖啡店的時間以及各種金錢開銷。

這結論是基於我所提出的行動原理「**利害系統**」。

「否定自身投資的努力是一種損害」的心理。

騙子如何讓你走入陷阱

讓人自動走入陷阱的契機，可能是輕微的暗示。

不過，**暗示時所花費的時間、精力愈多，愈能趨近洗腦狀態**。曾接過詐騙電話小額轉帳的人，若再次接到同一虛構單位的來電，多數仍會回應對方的要求。

這是因為受害人不願否定前面的小額轉帳，產生「我做的事情沒有白費」的心理作用。

在詐騙銷售手法中，「您先來參加說明會」、「您先撥出一點時間」就屬這類型的勸誘，總之先要求對方撥出時間參與說明會。

因為騙子了解這或許是一種本能，人自然會產生「不想否定花費的時間、精力」的想法。

詐騙犯、假宗教人士虎視眈眈瞄準機會，製造**「輕微的契機」**、**「些許的付出」**。

認為自己不會中這樣圈套，但參加說明會的人當中，只有自制力堅強的人才有辦法拒絕對方的推銷。

然而，「我做的事情沒有白費」的心理，在日常上也會形成巨大的枷鎖。

比如，你以十萬日圓格外廉價的價格買下店員所推薦「狀態良好」的中古車，過戶後坐進車內，發現座椅綻開破裂，你會憤而提出客訴：「聽你們講狀態良好才買的，這是欺騙消費者！」

然而，如果你是以兩百萬日圓價格買下中古車，發現座椅綻開破裂，你可能會認為「很有復古味」吧。

即便課程內容相同，比起一萬日圓的講座，三十萬日圓的資訊教材會得到更多「很有幫助」的正面回饋。

希望各位不要被「不想有所損失」的心理所矇騙，謹慎看清事情的真相。

大街小巷各種「心理技巧」的真面目

打著讀心術之類名號的可疑講座、教室，會裝模作樣教導容易實踐的技術。比如，鏡射、同調行為的**「鏡像效應」**，模仿對方的動作能夠產生親近感。還有**「Yes Set語法」**，反覆多次誘導對方肯定回答，當問及真正的問題時，對方容易直覺地肯定回答（一貫性法則）。

「今天天氣真好。」「是啊。」

「最近開始變冷了。」「對啊。」

「昨天的節目不錯看耶。」「真的。」

「今晚，陪我一下。」「好啊。」

情況有這麼簡單嗎？當然沒有這回事。

這是比較極端的例子，但實際上，即便自然對話出現好幾次肯定的回答，對方自我防衛的門檻也不會因此有明顯的下降。

換句話說，因為鏡像效應與 Yes Set 語法容易實踐，「精神控制狂」才會喜歡一臉得意展現這些技巧。

即便讓對方說出一百次肯定的回答，對方也不會做原本不想做的事情。

當然，實際接到電話誘導時，「想不想讓電話費變便宜？」等等，推銷員會更巧妙包裝句子來引導你說出肯定回答，但如果對方的意圖過於明顯，那麼**Yes Set 語法的真正目的**會在別的地方。

對方不是真的要你說出「Yes」，而是「繼續肯定回答的對話」。

也就是建立不斷同意的展開，讓你覺得「說的也是」，自然同意提問、對話，維持意見不相衝突的對話。

藉助靈驗算命師的威光，與客人形成信賴關係後，即便結果說得抽象模糊，「說中了！」客人也會自己對號入座。

這個說得抽象模糊的心理技巧，又稱為「巴南效應（Barnum effect）」。

簡單講就是，「煞有其事講述適用於任何人的描述，會讓人誤以為是在說自己本身。」

常見的例子如下：

◎你希望被其他人喜歡，但卻總是遭受批評。

◎雖然自身有很多缺點，但你相信最後有辦法克服。

◎自己還有尚未被激發出來的潛能。

◎雖然對外表現堅強，但其實內心時常感到不安。

「操縱人心的〇〇〇」、「無往不利的心理技巧」等書籍通常會寫到，使用**「巴南效應」**（Barnum Effect）可以和他人「建立投契關係（rapport）」、「靈驗的算命師常用的巴南效應，其實只是適用於任何人的描述」。

不過，仔細一想。

面對初次見面的人，像是看透一切地說：「雖然你表現得堅強，但其實內心是軟弱的……」對方反而會疑惑：「哎！到底是堅強還是軟弱？」

其實，這是完全相反的情況。

換句話說，不是「只要說出適用任何人的描述，就能贏得對方的信賴。」而是**「獲取對方的信賴後，即便結果說得抽象含糊，對方也會投射在自己身上。」**

所以，真實情況不是「靈驗的算命師運用巴南效應，讓客人覺得是在說自己的情況」，而是「因為聽聞他是『靈驗的算命師』產生巴南效應，才自己對號入座，聽什麼都覺得在說自己。」

為什麼「相同的藥物，醫生開出來的有療效，鄰居老爺爺給的卻沒用」

日常生活上，我們會在不知不覺中根據對方的情報、職業，決定給予多少信任。

看病前會先打聽醫生的評價如何，是「某某人去看了，結果愈看愈糟」，還是「他是全國有名的名醫」，進而產生**「安慰劑效應（Placebo Effect）」**（透過心理暗示，讓不具作用的藥物發揮療效），建立信賴關係、投契關係。

但是，鄰居老爺爺給的藥物就沒有什麼效果。

如果「安慰劑效應」能幫助改善症狀那還好，但對於算命師、可疑的保健食品，我們得先確認自己心中有沒有無意識下形成投契關係。

比如，「某位名人也有在服用」這類宣傳、知名食品工廠推出的商品等等，需要注意後續有沒有出現巴南效應，以免盲目相信「模糊不清的宣傳文句」。

說穿了，催眠術就是「安慰劑效應」。

如同「因為是醫生開出來的，所以藥物才有療效」，**「因為是催眠師施展的，所以才真的會被催眠」**。

前面也有提過，巴南效應的本質只是**「建立投契關係」**。

以前催眠教室傳授「數數」、「讓受術者向上凝視」等細瑣的催眠技巧，都是在建立投契關係的前提下才有意義，不如說這些是「藉助像是催眠術的演出，稍微博得受術者信用的技巧」。

前往氣功教室，氣功師傅只要「哈！」地一聲將手往下揮，有些人會立刻軟倒在地。

氣功，並沒有任何科學根據。

假設他是「被可疑的氣功老師給騙了」（這邊暫且不論氣功的有無），那麼為什麼沒有放出真氣，只是手往下一揮就能擊倒學徒呢？這是因為「該學徒對氣功老師和氣功給予絕對的信賴」、「兩者之間建立了投契關係」。真相就只是這樣而已。

這與催眠師獲取受術者的信賴後，「我數到三並把手往下一揮，你會軟倒在地」是相同的情況。

數數方式與把手往下揮的動作並沒有太大的意義。

不論是氣功、惡魔之力還是催眠術，只要建立投契關係，**讓受術者深信不疑，就會真的感受到不存在的真氣、看到惡魔的面容，產生強大力量操弄對方的感覺、讓對方產生幻覺**。

你或許不相信氣功、惡魔或者催眠術，也許有自信不被這些可疑的事物欺騙。

然而，當大企業家、自己喜歡的名人、權力者、科學家、醫生說「這個商品很有效」或者「氣功真的存在」時，你確定自己能懷疑他們的話嗎？

操縱人心的重要思維——利害系統

各種心理技巧，相信許多心理學書籍都已有詳盡的介紹。不過，如同前面提到的，巴南效應會因投契關係是否建立而受到影響。現在則要解說，在操縱人心技巧上重要的思維——**「利害系統」**。

如同字面上的意思，這個思維是考量「情況是有利還是有害」，可說是各大心理技巧的源頭。

講得極端一點，不管受術者進入多麼深度的催眠狀態，說出多少次肯定的回答，但若被命令「現在馬上脫光衣服跳舞」，受術者也不會真的這麼做。這是因為不論暗示得多麼深入，對方的意識還是會判斷「現在脫光衣服跳舞是利益還是弊害？」

反過來想，**如果讓對方覺得有利，催眠就有可能成功**。所謂操縱人心的技術，說一切全看如何運用這項思維也不為過。

我在故鄉以催眠術成名的時候，有許多客人慕名而來，其中有人說：「如果我真的被催眠，就給你一萬日圓。」

就利害系統來說，一萬日圓明顯屬於弊害。而且，自己明言前來挑戰卻真的被催眠，自己會感到丟臉。這對他來說也是一種弊害。

若是他還帶了其他人一起來，那就會更加丟臉了。

然而，如果他是一個人前來，而且擁有數億日圓的資產，那麼一萬日圓代表的意義就不同了。對這個人來說，被催眠是利還是弊，得當下觀察判斷才行。

比如，有一群大學生組成的加油團前來我這邊。團員對團長處處照顧謙讓，但團長卻大擺架子，總是頤指氣使其他人。

而且，假設這位團長是非常容易接受暗示的類型。

在這樣的條件下，即便我暗示團長：「你會像狗一樣吐出舌頭，汪汪地叫。」他也不會真的被催眠。因為如果他真的在其他團員面前這麼做，對他自身的威嚴會大打折扣。

反過來說，在約女性出去玩時，即便不使用「Yes Set語法」等技巧，只要想想能否讓對方感受到足夠的好處，自然就知道約不約得成。

如果自己打扮邋遢、又髒又臭，對她來說是壞處；但若自己是有錢人，就會變成是好處。

「兩人有共通的興趣」、「明顯在打歪主意」等等，**女性會潛在判斷各種條件來決定，絕對不是看說了多少次肯定回答。**

詐騙犯都懂的「驚奇谷」

我所提倡的另一個觀念是「驚奇谷」。

大家是否聽過「恐怖谷（Uncanny Valley）」理論？

這是指機器人、人形機器人的外貌不斷近似人類，超過一定的相似度後，人會莫名感到「恐怖」的心理現象（大家可以想像容貌逼真的人偶影集《雷鳥神機隊》）。

長年表演的經驗，我發現魔術也有這個「山谷」存在。

比如，讓放置在眼前桌上的香煙滾動。此時，客人會反應：「哎？是不是你在吹氣？」接著，讓香菸懸浮於空中，「真不敢相信！這是超能力啊！」

然而，如果繼續追求更為驚奇的演出，就會掉落「山谷」。

這次讓身體向上浮起，雙手攤開，整個人懸於半空中。

此時，客人突然就不認為這是「超能力」了，開始思索「他是怎麼讓身體浮起來的？」「是不是用看不見的繩索吊起來？」這就是我所謂的「山谷」。

接著走到戶外，讓車子向上浮起。

「這很厲害沒錯，但是怎麼辦到的？」

表演到這邊，還沒有跨越山谷。

實際上，在國外的表演中，魔術師會乘坐在車輛裡頭，自由自在地在空中飛行。「太神了！」觀眾無不拍手叫好，雖然感覺不可思議，但沒有人感到害怕。

我用催眠術讓友人的手變僵直，對方會反應：「哎！好厲害！我竟然中招了！」但若是讓他學狗「汪汪！」叫，他會說：「我只是配合你演出而已。」

在電視節目的魔術，有時會讓建築物或者有大象般大小的生物消失，如果那場演出跨越了「山谷」，「建築物裡面的人沒事吧！」「快把大象從異次元中變回來啊！」馬上會湧現這樣的反應吧。

「山谷」就是這麼又深又長。

表演，**存在人對該現象感到真實、驚奇的界限，與超越這個界限的部分**。

硬幣在眼前消失是「魔法」；東京鐵塔在眼前消失是「很厲害的演出」。單就現象來說，東京鐵塔消失應該更加神奇千萬倍才對，但過於不可思議反倒會失去真實性。這情況並不僅限於魔術秀，不論想要演出什麼，掌握「山谷」的位置都是重要的環節。

在詐騙方面，騙說「退還一百萬日圓」還可能湧現「真的嗎？」的心情，但若騙說「贈送一百兆日圓」，大多數人都會一笑置之吧。

不過，仔細一想，拿到一百兆日圓應該會比較高興，賺得比較多才對。但是「缺少真實性」，人們反而不會把它當作一回事，**而詐騙集團正是瞭解真實性的界限，熟知「山谷」的位置**。

當遇到逼近心中真實性底限的山谷時，人會輕易地跌落下去。

高明的魔術師懂得推測「驚奇谷」

就表演者的立場來說，鄰近山谷的表達非常重要，但也要知道**每個人對真實性的界線有所不同**。

簡單來講，對擁有資產一百億日圓的人說「贈送一億日圓」，對方會覺得「這是有可能的。」但同樣的話對存款餘額兩千日圓的人說，對方會認為「這是詐騙吧？哪有這麼好康的事情。」

這會因環境、狀況而改變，所以不論是詐騙還是魔術，都得思考「向對方提示什麼樣的真實性表達」，**這方面的推測技能可是詐騙犯的看家本領**。

表演湯匙彎曲的時候，我會先將湯匙放到自己的手掌上，以指尖摩擦彎曲湯匙。

接著，演出不觸摸湯匙使其彎曲，最後再讓湯匙在觀眾的手中彎曲。

「有這樣的現象存在」、「世上也有這樣的事」如果不循序漸進，一開始就讓觀眾拿湯匙，表演「請壓住湯匙~瞧！湯匙彎曲了！」觀眾會反問：「這湯匙有動過手腳吧？」不會認為這是真實的超能力現象。

「湯匙彎曲」的現象是其中一個例子，當然在魔術秀整場演出中，從客人還未來店到離開店門口的這段期間，都存在著這樣的意圖。

推測「能夠獲得多少觀眾心中的真實性」來安排魔術秀，就看魔術師的本事。

「請在紙上寫出心儀對象的名字。我知道了！你喜歡太郎！」突然這樣演出，只會讓觀眾起疑：「你是從哪邊偷看的？」

猜中名字的現象本身固然神奇，但如果魔術師不先讓觀眾「對不可思議抱有一定程度的真實感」就直接說出名字，等同於「讓這個現象白費」。

高明魔術師如何提升「驚奇谷」

換句話說，一場高竿的魔術秀並非不斷演出刺激的魔術。

如同片長120分鐘的戰爭電影全都播出戰鬥場景，會觀眾覺得「夠了」一樣，不斷演出刺激的魔術，最後說：「請抽出一張紙牌。」觀眾也只會一臉無趣：「反正你會猜中嘛？」

美國天才魔術師查理・米勒（Charlie Miller）曾說過：

「若是有人要求你表演魔術，記得只表演一個就好了，而且結束後就立刻停止。好魔術只表演一個，你會得到很大的迴響。若是兩個、三個繼續表演下去，你的觀眾就看飽看足了。所以，總是在『觀眾期待下一個魔術』時停止表演，是非常重要的。」

當然，在觀眾面前演出魔術秀時，不可能僅表演一個魔術，所以需要時常意識不要讓觀眾看膩，別一直表演刺激的花招，透過巧妙安排讓觀眾從開始到結束都宛若看電影般盡興。

然後，過程中，表演者要讓觀眾認識「自己是什麼樣的人？」「能夠做到什麼厲害的事情？」即便看到非常驚奇的演出，**也會產生「這魔術師的確有可能做到」的想法**——

這就是「驚奇谷的提升」。

正確安排如下：

①先表演「湯匙彎曲」，讓觀眾認識「這個人很厲害」。

↓

②再表演猜中觀眾心中所想的數字，讓觀眾認識「這是會讀心的人」。

↓

③最後表演猜中名字，讓觀眾認識「超能力可能真的存在於世上，而這個人或許擁有這樣的能力。」

當回頭客帶了朋友來，要求「表演那個紙牌魔術」、「表演那個硬幣魔術」、「表演神奇的讀心」等時，表演者除了提升「真實性的山谷」，還得盡可能按照要求來安排演出（對經營魔術表演的店家來說，第二次前來的客人可是棘手的對象……）。

總而言之，每個人的山谷程度不盡相同，山谷可分為一到十的等級。當表演者遇到山谷等級十的觀眾，就得以逐漸提升等級的方式進行演出。

不讓「恍惚狀態」冷卻的方法

「日本人的反應總是忽冷忽熱。」不時可聽到這樣的描述吧。

但是，這現象並不僅限於日本人，發熱的東西放久了，自然會像燒熱的水壺一樣冷卻下來。

原本喜歡的異性，經過了一陣子後，會漸漸失去當初的熱情；小學時非常憬結婚的偶像，現在已經沒有什麼印象了；曾經購買「成功法則」的書籍，熱衷遵循裡面的內容，但在不知不覺之中就忘記了這件事；明明下定決心要減肥，還畫出了圖表，結果……諸如此類。

這可說是人類都具有的特質。

然而，「將容易冷卻的水壺持續加熱，溫度反而會逐漸上升。」其實，這類似於催眠術中的「深化恍惚狀態」。意思為「讓水壺持續在瓦斯爐上燒開」，但興奮狀態、狂熱狀態會隨著時間經過而冷卻下來。

比如，電影每播放十分鐘就穿插上廁所、休息的時段，會讓觀眾沒有辦法投入內容。明明是功夫電影，卻沒有打鬥場面，不到一個小時就會不想看。

催眠時也是同樣的情況。

「哇！我被催眠了！」如果不能持續讓受術者有這樣的感受，恍惚狀態就會逐漸冷卻下來。

像是讓受術者的手變僵直再解開催眠，解說手為什麼會變僵直，等到要再施展下一個催眠的時候，受術者的恍惚狀態已經冷卻下來。

因此，**如果催眠者沒辦法間不容髮地接續下去，會無法成功引發「讓對方產生幻覺」的催眠現象**。

這與前面的「驚奇谷的提升」是類似的概念。

「深化恍惚狀態」應用於商業

商業上也常遇到這樣的概念。

最容易理解且常見的是，名為**「觸發式郵件（Triggered Mail）」**的營銷手法。這是依循「招攬↓教育↓販售」的步驟，推銷某樣商品的自動送信系統。

首先是招攬，這類似網路上的「訂閱電子報」。

點擊訂閱後，每隔三天就會自動寄出事先作成的郵件內容。這就是觸發式郵件。

接著，教育是「透過數封郵件來激發購買意願」。

最後是「販售」。

「深化恍惚狀態」的思維，理所當然是用於「教育」的部分。

試想，收到第一封訊息後，整整半年都沒有再收到郵件，有些人甚至會忘記自己有訂閱。但是，馬上收到的第二封訊息是「請購買一百萬日圓的掛軸」，也不會有人真的購買。

所以，第一封訊息寫說：「您好，我的興趣是收集掛軸。」第二封訊息寫說：「掛軸真的是很棒的東西。」第三封訊息寫說：「最近買進了非常雅緻的掛軸。」第四封訊息寫說：「這原本要價五百萬日圓的珍品，但我努力跟對方談了價錢。」第五封訊息寫說：「現在只要一百萬日圓就可入手。」

這就是**透過間隔適切的時間，連續送出這五封郵件進行「教育」，提高收件人的購買意願，深化恍惚狀態的做法**。

當然，販售掛軸是極端的例子，但商業上也存在如同安排魔術秀、製作電影或者連續劇一樣的手法。

以「體溫計」說明如何深化恍惚狀態

前面提到「投契關係」這個關鍵詞，這邊再稍微進一步說明。

各大心理叢書常提到的「投契關係」，大家可先理解為「建立信賴關係」。

若放到催眠術、魔術世界中，就是**「與受術者建立投契關係的狀態」**，亦即**「受術者信賴施術者的狀態」**。

在解釋「深化恍惚狀態」時，我經常舉「體溫計」作為例子。

試想，你手上有一支可任意改變溫度顯示的體溫計。眼前有位正準備接受催眠的觀眾、受術者，他的實際體溫為36・5度。使用體溫計量完體溫後，騙說：「你的體溫37度。」並給他看溫度顯示，結果對方表示：「聽你這麼一說，我覺得身體有些疲倦。」

這就是暗示所引起的「催眠現象」。

如果想要強化投契關係、信賴關係，你可以穿上白袍，假裝自己是醫生，宣稱：「這支體溫計的精準度是世界第一。」

經過這樣的事前誘導，對方會相信你所提示的溫度。

然後，實際體溫與你所提示的溫度之間的溫度差，相當於商業上消費購買意願與營銷商品價格之間的落差，或是對方能接受的催眠現象與即將施展的催眠現象之間的差距。

對體溫36・5度的受術者，突然說：「你的體溫40度。」對方很難相信。這就像是對存款只有十萬元的人，推銷：「買間一千萬元的房子吧。」

那麼，專業魔術師、商業人士會採取什麼樣的作法呢？

答案是**階段性提高謊稱的體溫**。

先謊稱「體溫37度」，誘導對方感覺身體有點發熱。過一會後，再說：「現在升到38度了。你有感到頭痛嗎？」相信這說法的對方，可能會開始覺得頭痛。

「體溫變成39度了，你的呼吸有些急促喔。」「哇啊！現在升到40度了！」

此時，有些人會失去意識，當場昏厥。

這就是逐漸「深化恍惚狀態」的感覺。

當然，一樣米養百樣人，「喂！你的體溫有40度！」走在路上被陌生男性搭話，有人真的會大叫：「哎！不會吧！」當場昏倒。

如果遇到這類型的人，可能在頭部附近打一個響指，就會直接昏過去，成功施展像是催眠術的催眠術。

然而，大多數人都不是這樣的類型。

不過，當表演者穿著醫生的服裝，或者穿得像是催眠師，對方就有可能無意識下建立起投契關係。

逐漸提高謊稱的體溫，慢慢讓對方感到頭痛、臉紅，最後才有機會昏過去。

換句話說，施術者暗示時需要拿捏：「對體溫36・5度的人，該先謊稱幾度他才會相信？」

當然，有些人會說：「我才不相信醫生！」當遇到「體溫計等機械都是騙人的」類型的人，施術者得改用手掌貼額頭來量測體溫。

在商業上，透過高明的行銷手法，有機會對任何人引發類似前面的昏厥現象，讓對方買下一千萬日圓的房子。

當心數字的「間接暗示」

由前面的體溫計例子可知，**「數字」是非常容易理解，誘導對方想像的要素**。

所以，詐騙集團、催眠師通常都熟習操弄數字。

我們每天都會接觸大大小小的數字。

比起「能大賺一筆」，「獲得一千萬元」更容易讓對方瞭解，具體的數字能激發對方的想像。但是，將「獲得一千萬元」說成「一億元」，效果卻不會增加十倍。

若想試圖「讓對方想像」，關鍵在於使用大家所熟悉的數字。

某理財投資的推銷，「你瞧瞧。」拿出自己的存摺給對方看。

在理財推銷的世界，「讓對方看存摺」儼然成為標準流程，觀看存摺的一方容易誤以為存摺上記載的數字可以證明「沒有說謊」。

比如，「一天一百元，只要一杯咖啡的價錢。」透過這種說詞，勸誘客戶購買高額貸款、分期付款、加倍利率等等，會在各個地方提出數字證明。

這其實是相當巧妙的「間接暗示」。

演出催眠秀時也是同樣的情況，不是說：「我催眠過很多人，是催眠術的專家。」而是說：「我三年來催眠超過兩千人。」

如此一來，觀眾會在腦中推算，「三年催眠兩千人，也就是一年……」

我們從小就被灌輸算數、數學、統計等知識，像這樣的計算可說是**後天的受暗示性**。

在腦中將三年兩千人換算成一年六六六人，自然會形成「這個人三年來每天都會催眠約兩個人」的認識。

在此藏有重要的關鍵。

其實他並沒有明說：「我三年來『每天』都會催眠他人。」而是利用**人會主動計算數字**的習慣，傳達「間接暗示」。

正因如此，對施術者來說，數字是非常有效的手法。

再試著以前面的理財推銷作為例子。

當客戶聽到「兩年間每個月可賺進二十萬元」，馬上就會推算一年可獲得二四〇萬元、兩年可獲得四八〇萬元。而且，這還不是推銷員說的，是客戶自己計算。

因此，只要說「投資兩百萬元，連續兩年每個月可賺進二十萬元」，即便推銷員沒有直接說出「這投資不會有損失。每年可獲利二四〇萬元」，也會間接傳達這樣的暗示。

當心「品牌」威光效應

相較於「未曾聽過的東西」，人會選擇信賴「曾經聽過的東西」。雖然聽起來理所當然，但反過來看，這也可說是「對未知的恐懼」。

在催眠術上也是如此，我們人類具有**「害怕未知事物」的畏懼本能**。

舉個比較誇張例子，如：原始人第一次看見火焰嚇得全身發抖；中世紀因害怕魔術而發起魔女狩獵。想要消除對未知事物的畏懼，是件相當困難的事情。

即便是效果、性能完全相同的商品，人們容易選取大廠的產品，或者曾在電視廣告上「聽過」的品牌。

顯見，相信品牌威光的人不在少數。

藉助威光的方式大致有兩種。

第一種方式是運用自身的權威。第二種方式是「狐假虎威」，利用其他已經存在的權威。

比如，利用知名人士的名字或者大家熟悉的話語。

僅是藉助威光，他人的看法就會截然不同。

以魔術秀來說，加上「那位知名魔術師親授」、「曾上過電視節目」，即便是相同的演出，觀眾的熱絡程度也會有所不同。

題外話，我會在店裡播放以前上電視的演出節目，初次來店的客人會問：「電視上的那個人是你嗎？」

這其實也是簡易的威光效應。

不知名咖啡店老闆所表演的湯匙彎曲魔術，與曾上過電視節目的湯匙彎曲魔術，明明是同樣的演出，觀眾的反應卻截然不同。

催眠客人的時候，看過節目影集再催眠與什麼都沒有看就直接催眠，我自己覺得前者的成功率高出兩倍。「他是曾經上過電視的催眠師，我肯定會被催眠吧。」只要客人產生這樣的想法，就容易被我催眠。

當品牌威光失去效果

不過，任何事情都一樣，**一旦被對方識破藉助威光效應的意圖，情況就會反轉過來，產生負面的效果**。

就「利害系統」來看，這如同「他不惜說謊也要藉助威光效應，試圖從我這邊佔便宜」，會讓對方覺得是明顯的損害。

譬如對來店的客人，直接打開電視說：「你瞧，我有上過電視表演催眠術！厲害吧！」可想而知，此行為的意圖過於明顯，即使我沒說謊，仍會給人厭惡的感覺。

客人走進店裡，不用多做其他表示，讓他自己注意到眼前的老闆與電視中的是同一號人物——

這就是活用品牌威光的間接暗示。

不久前蔚為話題的**「隱性行銷（stealth marketing）」**❶，請有權威的知名人士在自己的部落格（讓人不覺得有商業利益的場所）進行宣傳，這樣的巧妙方法也是間接暗示的典型例子。如大家所知，此做法被揭穿後，只會帶來反效果而已。

最危險的是「主觀深信」

我的魔術秀當中，有個節目是**「偷錶魔術（Watch Steal）」**。如同字面上的意思，這是趁觀眾不注意時，偷偷取下觀眾手腕上手錶的演出。

這在海外被稱為「扒手秀（Pickpocket Show）」，是相當大眾的表演，但這原本是**扒手的技術**。當然，因為只是演出而已，結束後會把手錶歸還客人。

日本不常見這樣的表演秀，這或許跟沒有肢體接觸、擁抱的文化有關。不

❶隱性行銷：指「刻意隱瞞消費者（情報受體）這是一個宣傳的行銷行為」，大家熟知的「業配文」，就是一種很典型的隱性行銷。

過，雖然只是一支手錶被偷，表演卻相當受到客人的喜愛。

當客人看到自己的手錶出現在眼前，無不感到驚訝：

「我完全沒有注意到。錶帶明明繫得好好的……」

表演偷錶時有三個要點。

第一，**轉移對方的注意力**。

讓客人握住硬幣，邊說「請緊緊握住」邊慢慢抓住對方的手腕，此時對方的意識集中在硬幣上，不太會注意到手腕被抓住。

第二，**不讓對方意識「手錶會被偷走」**。

雖然是理所當然的事情，但如果哪天主持人介紹：「這位是偷錶高手。我們現在來看看他的拿手絕活。」那手錶是絕對偷不成的。

第三，**不讓對方意識「手錶能被偷走」**。

這和第二點很像，但「會被偷走」與「能被偷走」有點不太一樣。換句話說，因為大部分的客人都認為「我怎麼會沒注意到手錶被偷」，後面才會驚訝：

「錶帶明明繫得好好的！」

偷走手錶之後，我又表演其他魔術約十分鐘，但沒有人注意到手錶不見了，甚至有人是突然想看時間，才自己解釋：「啊！我今天沒有戴手錶。」

自認沒有問題的注意力、記憶力，就是如此不可靠。

將外出時都放在臀部右邊口袋的錢包，哪天試著改放到臀部左邊的口袋。

數小時後，「咦？錢包不見了！」你就能夠體驗這般奇妙的感受。

「我不可能被騙。」

「怎麼可能沒注意到。」

「哪有可能會被偷走。」

正是這樣的主觀深信、信心十足，最是危險。

第2章

愈是信心滿滿 愈容易受騙上當

——容易被催眠的人與不易被催眠的人

經驗聯想的想像威力

當我說「我要施展催眠術」，肯定會出現「我才不會被催眠～」與「我絕對會被催眠！」兩種聲音。

這不是挺矛盾的嗎？

因為大部分的人都沒有被催眠的經驗。換句話說，這些人只是在腦內擅自這麼判斷，聯想以前在電視上看過的催眠術，施加在自己身上的情況。

比如聯想吃檸檬後大叫「好甜！」的催眠，或者女性對男性表白「喜歡你！」並抱住對方。

人會從過去所獲得的情報，擅自在腦內聯想「催眠術」。

當我說「我來表演魔術」，許多人會認為是「說中抽出的紙牌」，但稍微年長的人則會覺得是「從帽子中變出兔子」。

「經驗聯想的想像」威力非同小可，而且還相當危險，施術者可以好好利用一番。

說到「壽司店」，跟我同一世代的日本人，容易聯想慶祝時叫外送壽司，或者緊張坐於檯前讓直屬上司請客的光景吧。

「年輕人！今天去吃壽司吧。我請客。」「哎！真的嗎？」

然而，最近的小孩外出上館子時，通常會覺得：「今天要去家庭餐廳？還是去吃壽司？」提到壽司就想到迴轉壽司，聯想到輕鬆愉快的畫面。

這些孩子長大後，聽到上司邀約：「年輕人！今天去吃壽司吧。我請客。」他們很有可能回說：「壽司嗎？怎麼不請好一點的東西……」

如同上面的例子，不同世代的聯想意象會有所不同。提到「酒吧」，對年輕世代來說是歡唱跳舞的場所，但對父輩來說卻是沉澱心情的喝酒去處。

而提到催眠術，許多人抱有宛若魔法般的意象。

打一個響指，就突然倒下失去意識，醒來後才驚覺發生不得了的大事——這是多數人對催眠術的聯想吧。

被催眠，其實就只是「相信」而已。

認為自己被催眠的人，會覺得「檸檬吃起來是甜的」，因為他們相信「被催眠」這件事是「有可能發生的」；相反地，也有人認為「這樣的事情不可能發生」。

當然，真正的催眠術並非僅有誇張的現象，但就我自身的經驗來說，只要施術者宣示「我要施展催眠術」，**對方就會陷入自己擅自設想的「催眠術」中**。

「受暗示性」是催眠師的推託之詞

那麼，當遇到對方表示「我絕對不會被催眠！」大多數的催眠師會解釋：「你是不容易被催眠，受暗示性低落的人。」

在催眠術的歷史中，這個「受暗示性」不斷被拿出來使用，但在我看來，這詞只不過一種**藉口**、**說詞**。

「受暗示性」意即「接受暗示的程度」，但人並非天生就具備這樣的特性。

去催眠教室或者購買催眠教材，通常會寫說「測量每個人的受暗示性，可發現十個人當中約有五個人會發生肌肉僵直（Catalepsy）的現象。」還有，「十個人當中約有三個人會受到情感控制的暗示左右，甚至有人會中看見幻覺、操弄記憶的催眠術。」

然而，仔細一想。

如同前述，這只是受術者「自己擅自設想的催眠術」。

正確的說法是，「催眠師施術後，十個人當中約有五個人相信手臂可能發生僵直的現象。」

會怎麼受到催眠、**會受到什麼樣的催眠，都跳脫不了受術者的設想**。

「我曾經聽說過，小孩看了電視上的催眠秀，突然就被催眠了，兩手好幾天都分不開。」這是因為孩子深信「透過螢幕也會中催眠術」，所以才覺得「不解開催眠就回復不了原狀。」

「人聽到一個響指，會瞬間倒下失去意識。」這樣想的人實際聽到響指時，真的會當場失去意識。

「可是，是否被催眠要看個人。我聽到響指大概不會失去意識吧。」這樣想的人即便聽到響指，仍舊能保持清醒。

因此，宣示「我擅長這類的催眠術」、「我能一瞬間施展催眠術」的催眠師，僅是為了發揮威光效應才這麼說，若是真的認為「我的催眠術非常厲害，跟受暗示性沒有關聯」，那只是自身的錯覺而已。

搬出受暗示性一詞，會讓人覺得責任好像在自己身上，這只不過是催眠師對不相信催眠術的人，解釋為什麼他不會被催眠的推託之詞，能夠**暫且逃避責任**，才會長期**使用沒有根據的「受暗示性」一詞**。

不易被催眠？這樣「暗示」立刻中招

那麼，該如何催眠不相信催眠術的人呢？

假設有一位受術者名為A先生。首先，矇住A先生的眼睛，拉著他的手走一段路。A先生完全不曉得被帶到什麼地方。

接著，讓A先生坐進車內、搭乘電梯，最後在他的耳邊低語：

「現在，我們來到大廈的頂樓，邊緣沒有圍欄防護，你要小心不要掉下去了。」

此時，A先生會感到：「好可怕！」雙腳站不穩而跌坐在地上。

然而，那裡其實只是一間普通的房間而已。

這邊的重點是，A先生相信了「我們來到大廈的頂樓」這個謊言。

明明不是真的在頂樓，為什麼他會信以為真呢？

那是因為A先生真的有移動，實際想像被帶到大廈的頂樓，認為這是「有可能」發生的情況。

如果想用催眠術引發相同的現象，難度會大幅提升。

我現在要施展催眠術。請你閉起眼睛、放鬆身體，想像你坐進車子被帶到某個地方，搭上的電梯來到頂樓。數到三清醒後，你會怕得雙腳顫抖！

實際想像情境，如果雙腳真的顫抖，那就是「中了催眠術」。

怎麼樣？應該不好想像吧？

認為「自己不會被催眠」的人，會拒絕憑空想像。

「想像你坐進車子。」這麼說的時候，對方會反駁：「哪來什麼車子啊！」

認為「自己會被催眠」的人，大多也會反應：「嗯……我努力過了，但實在太難想像了。」

反過來說，沒有宣示「我要施展催眠術」的場合，**實際帶著對方移動，讓他認為情況是「有可能」發生的，就能輕易製造跌坐在一間普通房間的狀況。**

如同講述真實的恐怖故事後，再前往靈異場所，有些人會覺得「背部有一股寒氣」、「這邊氣氛怪怪的」，**「暗示」愈加真實，對方就愈容易深陷其中。**

成功的暗示基於信念

一個不相信靈異現象的人，對他說再多恐怖故事，只是適得其反。

想要讓他感到恐怖，光說不夠，還得調暗照明、替換背景音樂、製造靈異聲響……等。同理，對不相信催眠術的人，要費盡心力才能引發現象。

為此，催眠師會先做出手指黏在一塊等簡單的現象，製造「我是厲害的催眠師！」的威光效應……

催眠師真是煞費苦心。

不過，如果不說是「催眠術」呢？

比如，**氣功師傅對相信氣功的人把手懸放在頭上，說：「你現在感到身體發熱。」在我來看，這也是一種「暗示」**。

換句話說，對方只是中了名為氣功的催眠，陷入相信氣功的狀態罷了。

對相信氣功的人說「我要施展催眠術」，反而難以引發現象。

那麼，該如何讓相信氣功的人接受「手變僵直」的暗示呢？

其實相當簡單。

「我學了很多年的氣功。這個房間裡充滿了真氣。請你閉上眼睛並緊緊握拳，將這些真氣聚集到手掌中，如果沒辦法用自己的意志打開，就表示你吸收了我的真氣。」

像這樣講得「煞有其事」。如此一來，大部分的人都會成功被催眠。

這邊的重點是，因為對方相信「氣功」，換成跟氣功有關的說法，他就會接受暗示。

實際上，這樣真的會引起「手變僵直」的現象，是很成功的暗示。

讓對方接受暗示的密技

將「讓對方接受暗示」理解為「讓對方相信自己」，大家應該能夠了解宣示「我要施展催眠術」，只會增加施術的難度。然後遇到催眠不成功，催眠師就會推託辯稱：「你的受暗示性……」

那麼，為了讓對方接受暗示，首先應該做什麼呢？

答案是**「找出對方相信的事物」**。

對相信氣功的人，改用氣功的說法；對相信靈異現象的人，改用靈異的說法；對相信算命占卜的人，改用算命的說法……

如同前面的例子，只要講得「煞有其事」，就能輕易用暗示引起催眠現象。其實，真正相信催眠術的人並不多。人數肯定比相信氣功的人來得少。社區大學可能會開辦氣功教室，但基本上不會看到催眠教室。

人容易輕信「統計、醫療、權威、學術」等用語

找出對方相信什麼事物，再換成相關的說法——。

但是，氣功、靈異現象、算命占卜等，真心相信的人也不算多。如果是女性，大多會喜歡算命占卜（這也是女性比較容易被催眠的原因）。

氣功到底只是其中一個例子，但其實還有更簡單、讓多數人都相信的說法。

那就是，穿插**「統計」**、**「醫療」**、**「權威」**、**「學術」**等名詞。

這些是日常生活上，常接觸到的正式用語。

現代很多靈能者會高舉「這是心理學」，其緣由就在這裡。

對相信氣功的人說「我會使用氣功」，對方就容易中暗示；對於大部份信奉科學的人來說，僅僅只是在前面加上「統計上來講……」就能讓對方不疑有他。

這真的非常簡單。

那麼，將「手變僵直」的現象轉換為「偽科學」的催眠範文，如下：

「我在東京大學教導人體力學。在醫療領域方面，我具備復健醫療等專業技術。現在請你像這樣握拳、伸直手臂，並在手肘的位置用力。然後，你會覺得沒辦法自主張開手掌，產生類似麻痺的感覺吧？拳頭打得開嗎？」

說法不用完全一模一樣，但只要這樣一講，很多人就會反應：「真的耶！拳頭打不開！」

來店的客人當中，若遇到這種類型：「能夠催眠我的話，你就試試看啊！」我會這樣切入話題：

「其實，催眠都是騙人的，那不過是利用人體反應罷了。要不要試試看？比如……」

十分鐘後，那個人的手掌就張不開了。

雖然這樣做與催眠師追求的「驚奇」相去甚遠。將催眠術說成是「科學」，讓對方張不開手掌，客人也只是覺得「原來如此！」

不過，在日常生活上，像這樣讓對方相自己的行為，真的不難做到。

愈是認為「我才不相信沒有科學根據的事情」，愈容易受騙

催眠術、幽靈、氣功，絕對都是騙人的！

會這樣說的人，大多是出於「沒有實際根據」的單純心理，認定這些沒有科學上的證據。

就我來看，他們**「明明不是專攻科學的人，只因為身邊周遭常有的現象，就自以為知道其中的原理」**只是這樣而已。

反過來說，遇到這類型的人，**「只要能提示根據，反而更容易受騙上當」**。因為他們不具備驗證該根據的知識。

不曉得電燈為什麼會發光，僅因為平常看到房間的電燈點亮，就自以為了解其中的原理。

順便一提，我大學專攻腦科學，當時教授常說：「不移開眼睛，注視強烈白熾燈泡三分鐘以上，光線就會刺激大腦中樞讓人笑個不停，所以不要直直盯著燈泡喔。」

其實這根本是胡說，但很多人會差點相信吧？

像這樣以權威、學術作為根據，對於「催眠術沒有科學根據！我才不相信！」的人，反而真的會看著燈泡笑出來。

催眠師常隨身攜帶筆燈，暗示對方「持續注視燈光，你會感到意識朦朧」，如果對方說「我完全沒事！」只需要稍微提示根據，對方就會被催眠。

像是「這支不是普通的筆燈，它的光線是最新研發的……」

一旦開始相信，就會接連被催眠

一旦對方接受暗示，他就會產生新的認知，「我中了這個暗示」。

相反地，「不管這位催眠師做什麼，我絕對不會被暗示。」如果對方這樣認為，那麼不管做什麼，暗示都不會成功。

這邊說的暗示並不僅限於催眠術，比如「這家店的料理很好吃」、「這個人寫的曲子很棒」等等，生活上處處都潛藏著暗示。

當暗示成功，**會產生主動相信該暗示的效果**，所以一旦施術者成功施展有利於自己的暗示，之後就能簡單操弄對方。

舉例來說，如果某人認為「這家店的料理很好吃」，即使店家端出調味非常淡的料理，他也會認為：「這是為了襯托後面的料理嘛。」
在算命占卜方面，常可聽聞「算命師只是擅長例行話題（Stock Spiel，描述適用任何人的說話技巧）」、「觀察對方的表情來判斷有沒有算中」、「占卜，其實是冷讀術」。
然而，一個擁有驚人技巧的算命師，如果客人事前探聽到「那位算命師算得不靈驗」，情況又會是如何呢？
算命師再怎麼努力使出豐富多樣的話術，在「不靈驗」的前提之下，占卜就絕對算不中。假設你之前聽別人說「那邊的算命師是假的」，打算前往一探究竟，結果一去就被算命師叫出自己的名字。
「你是太郎吧！」
但是，事前就聽聞「他是假的」的你，應該會這麼想：
「他是從哪邊得到我的個人資料？真是狡詐的騙子。」
只有讓客人事前覺得「靈驗」，算命師的例行話題才會成立，營造說什麼都靈驗的氛圍。
比如，算命師煞有其事說：「你最近會有意外之財。」

然後，你隔天湊巧中獎數萬日圓。

如果算完命後一個星期什麼事情都沒有發生，你會漸漸遺忘這件事，但現在卻湊巧中獎數萬日圓。此時，你會覺得「那位算命師很靈驗」，產生「想要相信的心情」，建立投契關係。

下一次，那位算命師說：「最近，你會遇到不錯的異性。」你隔天就會以不同的眼光看待異性。再下一次，算命師說：「最近，你又會有意外之財。」隔天發現自動販賣機還有剩餘額，你就會認為「他又算中了！」經過一個月後，你可能只是在便利商店買東西獲得折扣，也會認為被算命師說中。

這邊的重點是，「最近」這個詞沒有特定指「隔天」或者「數個月後」，金額也沒有限定「數十塊」或者「數萬日圓」，因為這些的模糊說法，**才會產生偏見「這位算命師很靈驗」**。

「讓對方深信不疑」的行為，能發揮超出話術的效果。

第3章

詐騙教戰守則

——被濫用的行騙技巧

詐騙的第一步

前面多次提到「建立投契關係」，但能自然接受這個概念的人，或許之前有讀過心理學的相關文獻。

投契關係是指，心理學用語上的「相互信賴的關係」。換句話說，建立投契關係相當於雙方完全信賴對方，此狀態被認為是所有治療與療法的必要前提。

當然，**「騙子」才不會考慮相互信賴**。

「這傢伙，完全相信我了，好極了。」騙子只會打歪腦筋。

說個冷知識，第一位利用投契關係的人，是被稱為催眠師始祖的法蘭茲・安東・梅斯梅爾（Franz Anton Mesmer）。

梅斯梅爾醫生認為每個人身上都具有**「動物磁力（Animal Magnetism）」**，提倡以手部運動控制磁力，整頓磁力流動來達到治療的效果。

患者在治療過程中會發生痙攣或者昏厥，他稱這樣的症狀為「感應到動物磁力的狀態」，亦即「建立投契關係的狀態」。

當然，人體不會因為動物磁力而發生痙攣或者昏厥。

換句話說，這些是藉助「與患者建立信賴關係」所引發的現象。

雖然這可能不是梅斯梅爾原本的目的，但只要建立起信賴關係，將手懸於頭部上方，就能夠讓對方昏厥，完全佐證**「催眠術是投契關係的建立」**。

這個情況並不僅限於催眠術，還能套用到現代的各種事情上。

「〇〇產的食物好吃或難吃」、「這是三星級的餐廳」、「曾經發生食物中毒的店家」等等，不論評價的好壞，我們平時都會依據各種情報建立對事物「信賴」。

這與在十八世紀相信「動物磁力好像真有療效」而痙攣的人沒有什麼不同。

就好像前往評價不錯的美容院，就算頭髮被理得奇葩前衛，你也會欣然接受。

透過投契關係的建立，產生「味覺改變」、「商品變得好看」的錯覺。這和「昏厥」相比起來，完全不是什麼困難的事情。

即便沒聽過「建立投契關係」的術語，知曉這種心理作用的「騙子」，時時會想盡辦法建立投契關係，企圖藉此謀取利益。

找出對方相信的事物

我們會對什麼事物建立投契關係呢？

平時過著什麼樣的生活，基本上都是靠我們自己的意志做選擇。是否有信仰、宗教觀是什麼、在超市都購買什麼商品等，全部都包括在內。

雖然**「相信什麼取決於自己」**很單純，但**如果沒有意識這會被拿來利用，就有可能被詐騙**。

以前曾經流行過「我是從消防署那邊來的，您得買新的滅火器更換」的詐騙行為，這是以權威機關為名義的慣常手法。

現在，大家都知道其中的詭計，不會有人被騙。

不過，就暗示方面來看，大多數人會對「消防署」感受到威光效應，內心產生信賴、安心感，完全符合催眠所需的要素。

那麼，將這個滅火器的販售搬到電視購物節目，情況會變得如何呢？

「這支滅火器，是經過消防署保證品質的商品！」

這邊的重點是，大多數人會對消防署一詞產生信賴，無意間建立投契關係。主持人想要賣出商品，必須思索如何贏得多數人的信賴，讓在分母上面的分子變大。這並不僅限於言語，譬如想要推銷催眠術的相關教材，只要印上「催眠師 Bridie 掛保證！」或許就有機會大賣吧（笑）。

在一般家庭向的電視購物節目當中，主持人可以說：「知名演員○○也在使用～」

利用對方感興趣的事物來說謊

針對大多數人建立投契關係，會舉例消防署、知名演員等眾人信賴的事物，不過若是針對個人的詐騙，**就得找出被害者對什麼抱持信賴，才能進一步深化投契關係**。

舉例來說「說謊搭訕女性」。

在社群網站發達的現代社會，個人情報、喜好、興趣幾乎無所遁形。稍微聊一陣子，就能套出許多情報。

「喜歡某某偶像」、「經常去星巴克」……等。

這很簡單吧？

欺騙者只要說「我之前見過那位偶像」，對方就會對你感興趣；說「曾在星巴克工作過」，就能贏得對方的信賴。

雖然聽起來像是理所當然，但說穿了就是藉助威光的對話罷了。

「我有很多演藝圈的朋友，跟○○也認識喔」等等，你曾遇過像這樣想要引起對方興趣的愚蠢搭訕方式吧，如果對方回說「○○是誰？我不認識」，那就失去意義。

套用對方明顯感興趣的事物，由欺騙一方改變說法（說謊）來建立投契關係。

這就是「詐騙」的真相。

迎合對方相信的事物來建立「威光」

「催眠療法」有這樣的療法。

我認為，利用催眠術從事治療、醫療行為是很危險的（需對病患負起責任），自己實在做不來。如同前面所說，催眠術不過是一種主觀深信、想要相信的心情而已。

當然，就「病由心生」的觀點來看，催眠療法或多或少是有效果的。例如壓力造成胃痛、煩惱過度造成頭髮稀疏等等。可是，實際運用催眠來治療，那就是另外一回事。

雖說如此，催眠療法還是有存在的意義。

對於「深信」自己中了暗示的患者，這是非常有效的療法。

比如，有個病患說「我以前被不好的催眠師給催眠，之後每次喝熱湯都會吐出來。」（真的有類似症狀的患者）。

想要排除這位病患的症狀，只能靠催眠師。

這與是不是催眠術所引起症狀沒有關係（就深信不疑這點來說，所有的事情都可說與催眠術有關係，但情況沒有那麼單純……），重點是當事人認為是催眠術引發病症。

遇到認為自己「被惡魔附身而感到頭疼」的人，必須請驅魔師出馬。而且，這位驅魔師還得煞有其事：「我至今驅除了數百隻的惡魔……原來如此，你的確被強力的惡魔附身了，但交給我就沒問題了。」

換句話說，對於相信惡魔的人，不論請來多少位「科學權威的學者」，也不會有效果出現；對於相信催眠術的人，氣功高手也無法引起任何現象，完全不會有任何感覺。

這就是**「對於自己相信的東西，會產生威光效應」**。

詐騙犯做的，就是找出對方相信的事物，並且毫不猶豫地佯裝成該方面的專家。

從平常對話中，瞬間找出人性特質

如同前述，對世界上的騙子來說，看清對方的特質比什麼都來得重要。

雖然我不是騙子（笑），但這在魔術界也是相同的。

累積足夠的經驗，習慣後不是什麼難事。

我在桌子上攤開紙牌表演魔術秀，說：「請抽一張你喜歡的牌。」同時會在心中大致**將人分成五類**。

◎什麼都沒想就抽取第一張的人。

◎認為沒有第一張牌會讓魔術師困擾而抽取第一張的人。

◎什麼都沒想就從中間抽取的人。

◎再三猶豫，最後選擇抽取中間偏右或者偏左的人。

◎認為會讓魔術師困擾而抽取最後一張的人。

這樣大致分類，我便能從容地演出：「數字1到5，請在心中想一個你喜歡的數字。」（雖然未必能百分之百說中，但魔術都會事先拉起預防線）。

如果客人是來看魔術，可透過對話來看清對方的特質，但若是來看催眠秀，在踏上表演台之前，就得掌握客人的特質。

所以，我經常在正式表演前，先到觀眾席閒晃，**豎起耳朵捕捉訊息**。之後踏上舞台後，我會先跟所有觀眾玩簡單的小遊戲，看清他們的特質。

對方「容易接受」、「不容易接受」暗示，並沒有一套制式的判斷方式，本書也難以說明其中的微妙差異，譬如「催眠術？我想被催眠看看」這句話，可能是「我真的想被催眠看看！」但也可能是「我不認為自己會被催眠，你要是真能做到就試試看！」

再者，「我或許會被催眠吧！」這句話，可能是真的認為「自己會被催眠」，但也可能是「催眠絕對不會成功，看我讓你下不了台！」

這語氣中的微妙差異很難用文字說明，但**對於「你要試試看催眠術嗎？」這個問題**，幾乎就像前面的敘述，**只有這幾種反應而已**。

不過，同樣一句話的背後包含許多不同含意，魔術師需要有能力讀取語氣中微妙的差異。

假設你現在想要賣汽車，隨便抓十幾個人問：「你想要買車嗎？」不外乎得到「我想要買車，但～」或者「沒有，手頭目前……」之類的回覆。

然而，這些回覆當中，可能是「我想要買車，但最低你能賣多少？」或者「我想要買車，但實在負擔不起。」包含各種不同的含意在裡頭。

暗示是否成功的判斷方式

除了對方的語氣之外，在判斷催眠是否成功時，**「表情」**也是重要的要素之一。被催眠的人，簡單講就是「情感消失的狀態」，臉部會整個放鬆。

眼睛半開、**嘴巴微開**，拿起鏡子並放鬆所有臉部肌肉，在完全沒有使力的情況下，臉會呈現這樣的表情。

若要舉日常上的例子，就像什麼都沒有想，恍神看電影，或者上課時分心想別的事情，對老師講什麼完全沒有印象的狀態。

這就是**「恍惚狀態」**，無法判斷實際看到什麼、聽到什麼。

處於這樣的狀態，容易接受「你喜歡上〇〇」等情感控制暗示。

催眠師在暗示前會先說「閉上眼睛，當我數到三……」，就是為了讓對方進入這樣的狀態。

這可以想成是，**切斷身體視覺、聽覺的「馳騁妄想」**。

這樣理解就不算是詐騙，在各種商業買賣上，「誘導對方想像」是非常有效的做法。

比如旅行社提供具體的視聽宣傳，「在新綠飄香的山巒環繞下，與家人一塊烤肉享樂。」誘導客戶聯想該畫面。當客戶開始恍惚想像，後續的合約大概就跑不掉了。反過來說，**由對方的表情，能知道「暗示是否成功」**。

恍惚狀態會呈現上述的表情，而引起手部僵直的瞬間，客人多會「笑起來」。

「嗯？怎麼可能！」當腦中瞬間這麼想時，臉上會出現笑容。

此時，從對方的臉部表情能讀到許多情感，解除恍惚狀態。

自己打從心底這麼認為，對方也會受影響

在對想要被催眠的人上課時，最難教的地方是**「情感投入」**。不論用什麼教導方式，皆會出現有人擅長、有人不擅長的情況。

情感，是會傳染的。

如同陪著他人哭、跟著眾人笑的現象，參加關係不深的親戚婚禮，聽到新娘邊哭邊讀給母親的信，自己也會跟著鼻酸流淚。

這不是因為內容感動而哭泣，也不是因為產生親近感而掉淚。

那麼，為什麼會鼻酸流淚呢？

這是因為新娘是真的「感傷」讀信的緣故。

陪著他人哭泣，就是情感傳達的一種。

換句話說，如果想要暗示對方「放掉身體中的力量……」，自己就得以真的

放掉身體力量的「心情」來講；若是想要暗示「你現在站在很高的地方，害怕得雙腳顫抖」，自己就得以實際想像該情況而雙腳顫抖的感覺來講，暗示的效果才會顯現出來。

想要「傳達情感」，自己必須「投入演出」。

比如推薦商品，得以真心喜愛該商品的心情，述說「這商品真的很棒」，對方才會跟著這麼覺得。

反過來說，言語加上「真的很棒」的情感，說：「你好，我有想要讓你看看的東西。」對方自然會覺得「你是真心推薦好東西」（不管那東西是不是真的很棒）。

這適用於其他大小事、暗示或者催眠。

比如，抱著「喜歡你」的想法來搭話，對方會對你產生意識。交談時打歪腦筋，對方會察覺到你的邪念。

你應該也遇過類似的經驗吧。「時間晚了，我送妳回家吧。」向女性這樣搭話的男性，若是明顯別有意圖，只會被委婉推拒。

若是打從心底「我擔心你」，提議「我送妳回家」，對方就會表示「謝謝你」（不管是不是真心這麼想）。

日常生活中潛藏的「間接暗示」

如同前述，間接暗示具有無比強大的力量。

舉例來說，「比起直接表示喜歡對方，由朋友間接傳達『他好像喜歡妳喔？』更能讓對方產生意識。」

待意識產生，只需稍微溫柔體貼，對方會在意：「他是不是喜歡我？」

相較於高喊「我是有錢人！」秀出一疊鈔票的行為，在結帳時撇見錢包裡的鈔票，或者窺見手腕上的高檔手錶，更能讓對方留下強烈的印象，這就是「間接暗示」（這是我自己的定義，其他催眠師可能有不同的見解）。

簡單說就是**「讓對方擅自推測現象」**。

在催眠界，催眠師不會明說：「你不管怎麼努力都站不起來！」而是說成：

「你努力站起來看看。」

後者的說法能間接傳達：「你需要用力才能站起來」。

在日常生活上，尤其是商業買賣上，間接暗示可說是隨處可見。

「嚴禁濫用！」暗示「這商品厲害到可用來為非作歹」；「結束大拍賣」暗示「我們準備收攤了，快來搶便宜的優質商品。」

我們身邊到處都有類似的間接暗示，若能理解並知曉如何運用，你對各種事物的看法也會為之一變。

使對方自己發現、主動聯想

前面已有提過，在我自己經營的咖啡店，吧檯後面的電視會不斷播放我上電視的節目。來店的客人看到這個節目，首先心理會預設「老闆是上過電視的高手」。

這是也是一種間接暗示，藉助威光效應來建立投契關係。

間接暗示追求的，是「讓對方自然察覺背後隱藏的真正用意」。

反過來說，也可想成是「因為沒有人知道真正用意是什麼，所以不會失敗。」

低頭輕聲說「喜歡你」稍微讓對方聽到，就是出色的間接暗示。不難想像對方會非常在意：「他喜歡的人是我嗎？」

「間接暗示」的強大工具隨手可得

講到「悄悄話（呟き＝推文、貼文）」，應該有人注意到了吧，我們身邊就有可以任意間接暗示的強大工具。

那就是 **Twitter、Facebook 等社群網站**。

Twitter不是針對特定人物談論，能讓所有追蹤人看到推文訊息，是強大的間接暗示工具。

你現在可以馬上針對追蹤人，進行**間接暗示的實驗**。試著在 Twitter 上發文**「上週遇到的傢伙，真是沒禮貌」**。上週與你碰過面的追蹤人看到這則訊息，都會不由得擔心：「我是不是做了什麼失禮的事情？」

我實際在 Twitter 上這樣發文後，隔天就有收到五位追蹤人「我是不是不小心冒犯您」、「前幾天受到您的關照了」等訊息。

這就是間接暗示的效果。

這也可以簡單運用於戀愛上。

發文**「每次想到那個人，我就覺得心臟跳得好快」**，能讓其他人覺得「他是喜歡我嗎？」不時關注你的動態，接著你再推文「我想我還是放棄那個人吧」，此時就會有許多人主動敲你聊天。

這比**市面上的戀愛守則更有效果，而且容易實踐**。不僅限於戀愛，不論是商業買賣還是欺騙他人，沒有比社群網站更強大的自動暗示工具。

從催眠術看「戀愛」機制

不論性別，對於給予自己正面評價的他人，都會覺得對方對自己有利。**人，總是希望自己的價值受到肯定**。換句話說，遇到對自己抱有好意的人，會認為他對自己是有好處的。

這個說法又叫**「好意的回報性」**。

美國心理學家費斯汀格（Festinger）提倡「好意的回報性」，是指人會對「對自己抱有好意的人」產生好感，當受到對方關照，自然會產生主動回報的念頭。

我將此稱為**「收到手寫賀年卡覺得必須回覆對方的效果」**。

當然，相貌俊俏、年輕水嫩等等，還牽扯到許多條件要素，但即便對方不符合自己的喜好，不是未來想要交往的對象，說出「喜歡」自己的人，會形成無法取代的利益要素。

那麼，**人在哪個瞬間會喜歡上對方？**

答案是「不想失去這個利益」的時候。當表示喜歡自己的對象，對其他異性釋出好意的瞬間，會覺得「不想要失去」。

也就是覺得「失去這個利益對我來說是損失」。

雖然講得稍嫌複雜，但最後都會產生類似的想法。說穿了，就是嫉妒、獨占慾。

「因為長相帥氣，所以喜歡」、「因為對方有錢，所以喜歡」等等，僅是單純憧憬對自己有利的異性。

然而，不論面對哪種類型的異性，只要**「能讓對方覺得自己是有利的存在，失去是一種損失」**，對方便會湧現「喜歡」的情感。

一般來說，「人容易愛上喜歡自己的人」，就利害系統來看，其實相當合情合理。

利用「間接暗示」讓對方覺得有利益、產生不想失去的感覺，即簡單的戀愛守則，但本書不是講述這類的愛情叢書，這邊便不多談。

然而，戀愛說穿了就是**「嫉妒」**與**「獨占慾」**。

某人告白後兩人開始交往，但現在先保持距離……像這樣的戀愛遊戲總是讓人臉紅心跳，不過就心理學的角度來看，交往這項行為只是「當你與其他異性發展成戀愛關係時，我擁有提出意見的權利」；結婚這項的行為僅是「我擁有施以法律制裁的權利」。

兩者都是從獨占慾衍伸出來，不想失去利益、迴避損失的行為。

畢竟已經在戀愛上花費許多金錢、時間，只有像這樣衡量自己與對方之間的利害，才能冷靜地維持這段情感，得到期望中的結果。

催眠狀態的持續時間

施展催眠術後，經常有人會問：「如果不解開，催眠會一直持續嗎？」

我的答案是「沒有這回事，睡一晚後就會解開。」但正確來說是**「只要當事人還記得，催眠就會持續存在」**。

換句話說，在他認為「我被催眠了」的期間，會一直處於催眠狀態；當他認為「催眠已經被解開了」，才會解除催眠狀態。若是「連被催眠都不記得」，那就更不用說了，只要睡一個晚上，就幾乎忘記有這回事。

看完李小龍的功夫電影，會莫名覺得自己變強悍；看完俠義電影，會覺得走路時整個人威風凜凜。然而，隨著記憶自然淡忘，到家後就回歸平常的自己。

不過，在催眠術當中，有稱為**「後催眠」**的技巧。偶爾可在電視上看到「聽到鈴聲便不自主跳舞」等，當下沒有發生任何事，之後喚起記憶才引發的催眠現象。當然，這也會隨著時間經過而淡忘。

在國際上，已有推出縮小胃容量來減肥的手術，也存在認為自己接受過這項手術的催眠服務。

只要當事人有記憶「我接受過胃縮小的催眠」，食慾確實會減少，但如果這個催眠暗示經過一晚便解開，那就沒有任何效果。

所以，這邊可以**稍微利用前面提到的利害系統**——花了數萬日圓的催眠施術，經過一晚便解開會是一種損失。

首先，先讓受術者產生「不願解開催眠」的念頭，再選擇進行暗示的時機，以前例來說，適合時機是用餐的時候。

一般人通常一天食用三餐。每次用餐時回想「我接受過胃縮小手術」的暗示，重新陷入催眠狀態。

反覆愈多次暗示、主觀認識，愈會留下強烈的印象，會形成一種「習慣」，不斷反覆進行來深化記憶。

宗教的自動自我催眠系統

提到**「反覆暗示深化記憶」**，各種宗教儀式都是這樣的系統。

就催眠術的觀點來看，宗教是透過「每天朝拜」、「每日誦經」的方式，提示「心情獲得平復」、「內心覺得幸福」的現象。

當然，不能說宗教都是以這樣的思維來構築組織，但世上有多到數不清的信仰，也不能說完全沒有這樣的情況。

「每天朝這尊佛像膜拜，你就能過上幸福的一天。」

如何？有沒有覺得像是催眠師的用句？這並不僅限於宗教信仰，若想要控制人的根本思想，可以採取這樣的手法。

其實，**人的大腦在持續反覆暗示、主觀認識的過程中，真的會誤以為「自己是那樣的人」**。

經常有人問：「我能用催眠術交到男／女朋友嗎？」

理論上，這是可能做到的。

催眠對方喜歡上自己，暗示解開數天之後，再一次進行催眠。不斷反覆催眠，對方自然會誤以為「我對他抱有好感」。所以，想利用催眠術來交男／女朋友，可以先騙對方說：「我之後會幫你解開。」再不斷進行催眠。

不過，這個做法你必須先取得被催眠方的許可，一旦讓對方感到不愉快，他不會再被催眠第二次。

「精神控制」的機制

因此，這邊提示另一種方式──「精神控制」。

將日常行為**設定為觸發條件**，如洗澡、看時間、滑手機等等。這種手法，連人格、嗜好都有可能控制，是最簡單的「精神控制」。

當然，暗示對方「我來施展催眠術。每當你看手機時……」是否成功與「對催眠術的信賴」有很大的關聯。

所以，重要的是，在日常對話當中讓對方聯想到自己。

走在街道上聽到某位歌手的曲子，回想起過去交往的對象，這是許多人都有過的經驗。「他很喜歡這首曲子」、「每次去卡拉OK，他都點唱這首歌」等等，試著想像這樣的狀態，操作對該首曲子的意象。

講得極端一點，若想讓對方每次拿起手機都聯想到自己，可以從手機、App下手，這叫做「古典制約」，是接受習慣性視覺、聽覺而影響心情的現象。

比較有名的例子是，俄羅斯生理學家巴夫洛夫（Pavlov）的實驗。因為實驗相當有名，這邊就省略細節，簡單講就是餵食狗兒的同時，不斷反覆讓牠聽見鈴聲，之後狗只要聽到鈴聲就會分泌唾液。

巴夫洛夫的實驗並不僅限於狗，該現象同樣適用於人類。為了形成制約，必須像巴夫洛夫的狗一樣，不斷反覆體驗該情況。

回到前面的信仰例子，「虔誠敬仰」聯結「感到幸福」的現象，明顯是一種「利益」。

「朝拜」聯結「感到幸福」。

這樣暗示之後，同時也會出現「不朝拜」與「不會感到幸福」的聯結。

你覺得如何？

信仰可說是**經由連續性的暗示**，**讓「利害系統」會發揮效用**，你不這麼覺得嗎？

而且，**愈是持續接受暗示**，**人愈不想承認自己白費時間**。

即便傳道的教祖犯法被捕，信徒仍舊深信不疑。

因為承認白費時間，等於認同做出不利自己的行為。

如果你的朋友在牛郎店暈船，或者沉迷宗教無法自拔，「你這是在浪費時間金錢！做無意義的事情！」不管你怎麼說服對方，都只是徒勞無功。

你得先肯定對方的行為，才有機會說服成功。

為什麼實踐成功者的習慣卻不成功？

市面上有許多「教人成功的書籍」。

這些多是有錢人分享「這樣做，你也會是成功者」，內容不外乎「成功法則」、「成功習慣」等等

然而，仔細一想，這些全都是結果論。

有錢人每天早上都吃塗有奶油的麵包，就說：「想要成功，每天早上都要吃麵包和奶油。」如果讀了本書的人肯定會成功，且這本書成為暢銷書籍，那麼就應該出現成千上萬的有錢人。

實踐其中幾項法則，並不是什麼困難的事情。

社會上各種勸誘也是如此，讓人聯想成功的情景，或者聲稱是資產數兆元的富豪心法，但這些都是空談而已。

讓對方集中意識在好的方面，企圖隱瞞其他矛盾。這是**「報喜不報憂」**的手法，極為單純的思維。

在事先預告的催眠秀上，為什麼催眠術還能成功呢？答案非常簡單。因為來的客人都是對催眠術感興趣、想要被催眠的人。

想要催眠不認識的人，需要先努力引起對方的興趣、贏得對方的信賴。同理，勸誘拿起自我啟發、成功論書籍的人參加講座，是非常簡單的事情。這應該可以理解吧。

「對感興趣的人報喜不報憂。」這是各種商業上常見的慣用手法，但我們要不時留意壞處，養成習慣——當對方一直提示好處，自己要同時思考壞處。

這樣才能保護自己遠離可疑的自我啟發團體、勸誘詐騙。

無償行為都是建立在利益基礎之上

這邊再稍微解說「利害系統」。這是一種基本且真實的思考方式。

其實，世上並不存在「無償行為」。

假設一個情況，有兩人靠著同條繩索懸於半空中，快要掉下山崖，下面的男性說「你要好好活下去」，選擇自斷繩索救助另一人。即使是這種情況，同樣不是無償行為。

雖然說來有點刺耳，**但對於無償行為，我們通常關注金錢、時間的部分，而忽略精神上的利益。**

自斷繩索並說出「你要好好活下去」的人，對另一人抱持「希望他活下去」的願望，他實現這份願望，獲得精神上的利益。

自願清掃沙灘的志工們，實現「希望沙灘乾淨」的願望，從中獲得成就感、爽快感，其中也有人是想要獲取名聲，或者展現自己願意付出的形象，尋求他人認同。

我絕不是要蔑視這些行為是「虛偽的善意」，只是想要表達，從另外一個角度想，行為其實並無善惡之分，**人的所有行為都是建立在利益基礎之上**。相信這麼說，讀者必會出現贊同與不贊同兩種聲音，但我們必須如此分析討論，才能觸及「控制他人」、「保護自己不受他人操弄」的真實部分。

各位女性朋友對男性提議「我幫妳拿東西」的行為有什麼想法呢？即便是無償的志願行為，妳應該也能察覺行動背後有著「他想要向我、周遭女性展現自己很體貼」、「他想要追求我」等各種意圖吧。

「這個人只是喜歡拿行李。」妳肯定不會這麼想。

當遇到自身即將受到威脅、詐取剝削的狀況，我們會質疑對方自我犧牲的說詞，但卻會欣然接受與自身無關的無償行為。

搬出**無償**來誆騙的人會勉強踩在邊緣線上，「免費檢查水質」、「免費清掃冰箱」、「免費提供試用品給您使用」等等，**偽裝成沒有損害的無償說詞，企圖突破你的心防**。

因此，我們必須抱持「無償、志願行為不存在」的想法。

不要相信「老闆賠錢賣」

再說得更加刺耳一點，**人非常討厭他人獲得利益**。

當然，確實有給予他人好處，自己獲得精神上利益的情況，但看著親近的人獲得好處，人會莫名覺得有所損失。

不論是有心還是無心，或者只是依感覺而這麼做，在商業買賣上，常會搬出「我們沒有獲利」的說法。

放到前面的「利害系統」來說。如果店家叫賣「這是低價買進、高價賣出，我們準備大賺一筆」，客人完全不會買單，甚至不願拿起商品一探究竟。

高價買下便宜的東西，會讓人覺得是一種損失，若還得知對方從中大賺一筆，更會因此湧起厭惡感。

那麼，「這是高價買進的優質商品。不是我在說，各位能以這個價格買到，真的很幸運啊。本店只賺取微薄的利益，大家趕快來買！」如果這樣叫賣又是如何呢？

雖然排除了從中大賺一筆的部分，但我們還是會對對方獲利的部分感到厭惡。這純粹是**「對方獲益是自己損失」**的感覺。

那麼，換成這樣的說法呢？「本店大量低價進貨，大家快來搶便宜！」這個說法聽起來好像消費者只會得到好處。

然而，「就算便宜進貨，店家還是會賺吧？」仍舊會湧現這樣的想法。人就是對「對方獲益是自己損失」這麼敏感。

在這樣的前提上，衡量自己與對方獲得的利益，才決定要不要購買。

這是我們潛在的感覺。

偶爾看到「清倉庫存降價出售」、「廢棄品」等標語，都是為了營造「店家虧本」的計策；「跳樓大拍賣」也是如此，是店家為了展現「我們沒有賺」的行銷招數，巧妙利用「人不想讓對方獲利」的負面心理。

店家需要雇用人員陳列、販售商品，不可能沒有得利，但消費者會評估「店家的利益」與「入手想要商品的利益」。這個「不想讓對方獲得利益，但想要那項商品」的衡量，是潛在行為，有時甚至自己不會察覺。

電視購物節目的慣用手法，會由一位男主持解說商品的各項好處，再由旁邊明顯是部下的女來賓報價。

男性：「這麼棒的商品？」

女性：「現在只要九千八百元！」

女來賓會像這樣在絕妙的時機點接話。

這也是巧妙運用心理技巧。

解說商品的人，適合由在公司背負責任的主管階級擔任。但是，若是在「這麼棒的商品」的解說後面，又由同一位人物來報價，會讓消費者敏感覺得「到頭來還不是他在賺……」所以，節目會安排看起來是領薪水的女來賓報價，巧妙模糊帶過這個部分。

不論做什麼事，若是捨棄衡量利害，未能看清事物、行動背後的真意，最後勢必會有所損失。

4

第4章

詐騙技巧的正面運用，無往不利、隨心所欲

刺激需求「只有自己賺到」

前面舉了一些商業例子，這一章再多介紹一些具體說明用法。因為擔心前面舉出的暗示、催眠相關例子，大家只是草草認為「好像有這回事」，所以這邊再多著墨一些。

重要的不是膚淺理解「好像有這麼回事」，**而是對於生活上常聽到的說詞、行動，能有系統分析其背後的「暗示」**。

繼續以「利害系統」來討論。如同前面多次提到，人的行動仰賴利害評估。比如，推銷汽車時常用的煽動用句「我特別給您優惠」。當然，這能讓客人產生「只有自己是特別的」的感覺，刺激每個人心中「只有自己賺到」的欲求。換成利害系統來看，亦即「其他人沒有得到或者不知道有此優惠」，認為一定有人損失的想法。

如果說他人獲利是一種損失，那麼他人沒有獲利可看作是自己獲利。

然而，我想……現在沒有「收到這封信件才有的專屬折扣優惠」的廣告信件了吧，但這在過去是非常有效的行銷手法，一時間大為流行，現在或許還能吸引一些年長者。

推銷人員為了不讓你感到可疑，會搬出「給你這樣的優惠，公司都要虧本了」、「我自掏腰包送你這些吧」等等說詞，增加真實性。「自掏腰包」的說詞還牽扯到「好意的回報性」等其他要素。

即便隨著時代改變形式，**「只有你賺到」的行銷手法**依然留存下來。這是因為沒有其他手法比「能夠獲得利益」更為簡單又有效。

郵購、電視購物也不例外，每天反覆播放：「只優惠給收看本雜誌、節目的觀眾！」電視購物剛流行起來時，常可見這樣的推銷說詞，雖然最近許多觀眾會白眼看待，但此手法仍舊有不錯的效果。

長遠來看，這種行銷制度、效果是不會改變的，只是載體從廣告傳單轉為電視節目，隨時代誕生新的形式而已。

自我批判，增添真實性

購買者、消費者會隨著時代成長，現在一味推銷「這項商品很棒」，只會讓人認為：「哪有人會說自家商品不好？」

講點題外話，每當我使用**我公司**的洗衣劑卻洗不乾淨時，都會感非常生氣。這並不僅限於洗衣劑，在對話中加入一些自我批判，容易贏得對方的「信賴」。

假設有A商品與B商品，客戶法決定要買哪種商品，推銷員說「嗯……這只是我個人的意見，老實說我不推薦A商品，使用後總是出現一些毛病。」

因為**販售方主動提供不利自己的情報**，消費者會覺得「他講的是事實」。再加上，**賣家表示這是「我個人的意見」**，**更增添真實性**。換句話說，「這對敝公司來說是不利的情報，但為了客人著想，我才私底下偷偷告訴您。」包含了這層含意。

如同前述，「不想讓他人獲利」的心理，會讓消費者「選擇相信不利對方的信息」。

相信，是建立投契關係的一環。

雖然此手法的應用、構想有些複雜，但只要能建立投契關係，「不過，B商品就真的很棒。」再提出真正打算推銷的產品，消費者便會輕易認為「這也是事實」。

「只要獲得對方的信賴，即使是隨便說說的巴南效應，也會發揮效果。」如同前面章節的內容，是單純從信賴到暗示的過程，在「贏得信賴」、「建立投契關係」的部分，這邊採用的技巧是**「提示讓自己、公司蒙受損害的情報」**。

放到「利害系統」上，自我批判也可以是工於心計、控制人心的利器。

主動肯定對方心中的「理想自我」

接著要介紹的心理技巧，除了用於商業上，也可用於私人生活。

每個人心中都有「希望自己是這樣」的願望。

然而，這個樣貌未必都相同，不同的人有著不一樣的理想自我。有的女性希望在男性面前表現自己的嬌嗔；有的男性希望在女性面前表現自己的體貼。

每個人心中都存在著「希望被這麼看待」的願望。

根據對方的周遭情況、擁有資產、家庭環境以及當下狀況，洞察「現在，他希望怎麼被看待？」搶先給予肯定，讓對方認為「這個人認同我心中的理想形象」，如此一來，你就會成為對方心目中「有利於自己的存在」。

肯定需求，是「想要獲得他人認同」的心理，亦即「這個人希望被這麼看待」，這會因時間、場合而有所差異。

雖然同樣是給予認同，但擁有高度的察覺能力，才有辦法洞察對方的理想自我。

有趣的是，除了一般認為正面形象的「體貼」、「寬容」之外，很多人的理想自我是負面形象的「傲慢」、「幼稚」。

如同在媽媽身邊想要當個孩子的心態，強烈想對戀人「撒嬌」時，內心會希望對方認為「你真像小孩子，一個人什麼都做不來」。

愛耍任性的戀人，不會單純是「不講理的任性」。即使任性也會分場合，不會對自己尊敬的人提出不合理的事情，或對小孩講出無理的要求。**對方明顯幼稚、傲慢的舉止，背後肯定潛藏「希望被如此看待」的願望。**能否捕捉到背後的訊息，搶先給予肯定「你是這樣的人」，將是對方決定需不需要你的重要關鍵。

主動接受對方的理想自我，可使對方認為你是重要的存在。

悲劇英雄主義

「悲劇英雄主義」是我自創的用語。

「英雄主義」是指，醉心懲惡揚善的故事情節、崇拜英雄的心理，而悲劇英雄主義則反指**「憧憬悲劇主角的心理」**。

這樣傾向較常發生於女性，你應該遇過高興說著「我男人運不好」、「我想結婚但結不了」的女性吧？

不過，這些女性的心理有些複雜。

有些人想要主張「悲劇英雄主義」，但本身卻抱有差別意識，被條件比自己差的人說：「妳的男人運真差。」會想出言反駁：「至少比妳好。」

我個人認為，**「差別意識」**的影響勝過**「肯定需求」**的影響。所以，遇到這類型的人，**請幫她準備好「能夠間接主張」的有利情況**。

做法有些複雜，但用法相當簡單。

催眠對方時，只要說**「會被催眠的人，大多男人運不好。」**如此一來，她被催眠後，可以順水推舟主張「我是少數派」、「我是悲劇女主角」。

嚴禁濫用！催眠女性這樣說

這邊來傳授我在催眠女性時的秘術。

「那麼，我接下來要對大家施展催眠術。很多人或許認為，會中催眠術的是思想單純的人，但其實沒有這回事。比起思想單純，想像力豐富的人，說得極端一點，喜歡妄想的人更容易被催眠。這是統計上的結論，但女性在戀愛上容易看不清周遭，太過喜歡對方而聽不進朋友好言相勸。當然，女性也因此容易被男性欺騙、在情場上失敗，兩人在一起的結果容易不是極好就是極壞。」

大致像這樣置入開場白。

這個開場白的意圖如下：

◎避免對方認為「單純的笨蛋才會被催眠」。
◎有利於主張自己是少數派「喜歡妄想」的人。
◎藉由「這是統計上的結論」，避免對方誤解「這是你想要讓我容易被催眠，才這麼主張」。
◎有利於主張自己是「我是專情到看不清楚周遭」的人。
◎若是和幾位朋友一起來，「聽不進朋友好言相勸」等說法，會讓曾經發生幾次苦勸無用的友人感同身受，忍不住說：「不就是在說妳嗎？」間接滿足友人的肯定需求。

◎刺激「容易被男性欺騙」的悲劇英雄主義。

◎藉由「不是極好就是極壞」的說法，避免冒犯對方。

這所有的要素都藏在前面的開場白中。

說完這樣的開場白，女性團體就會出現「不就是在說妳嗎？」「我哪有！」的聲音，自行炒熱現場氣氛，後面會有半數以上的人成功被催眠。

而沒有被催眠的少數人，看到身旁被催眠的友人，會說：「好厲害，她真的被催眠了。」再為現場氣氛加溫。

這是「差別意識影響較大的友人關係」的情況，結果屢試不爽，讀者可以找機會試看看。

如何讓人覺得「只有你最懂我」

「只有你最懂我」的心理其實很簡單。

很抱歉這邊從男性觀點出發，但遇到非常善於社交、精力充沛的活潑女性，想要成為她心中無可取代的人，對她說「妳真是開朗活潑」，是不會有任何進展的。因為平常就有很多人這麼說她了。

雖然抽象不明確且沒有太大的意義，但女性總是希望別人看到、察覺到「真正的自己」。

換句話說，**不表現在外的自己才是「沒有任何人知道的真正自己」**。對個性開朗的女性說「妳其實有獨自一人哭泣的時候吧」；對善於社交的女性說「妳其實挺喜歡一個人獨處的時間吧」，就能說到她的心坎裡，讓她覺得「你真的瞭解我」。

雖然聽起來沒什麼，但真的就是如此。

不過，對個性陰沉的女性說「妳其實善於社交、個性開朗吧」，只會得到「沒有這回事」的回應。

不可思議的是，日本人對「開朗」這個詞不太抱有肯定的意象，反倒比較喜歡「個性陰沉但擁有自己世界的人」。

就這點來說，還有一句通用的話。那就是**「妳很常把事情往心裡放吧」**。

生活上，人或多或少都會感受到壓力。不論是個性開朗的人還是個性陰沉的人皆是如此。這個魔法句，可以說得好像你了解對方心中的壓力、欲求一樣。

遇到個性開朗的人，溫柔地說：「雖然妳平時表現得活潑外向，但在我眼中，妳會一個人把許多事情往心裡放。」遇到個性陰沉的人，體諒地說：「雖然妳不怎愛說話，但妳會一個人把許多事情往心裡放。」如此一來，對方就會擅自認為「這個人了解我心中的壓力」。

雖然聽起來有點像是搭訕說詞，但這是能刺激女性的悲劇英雄主義，可說是瞬間贏得信賴的魔法用句。

嚴禁濫用！催眠男性這樣說

那麼，面對男性一開始該怎麼說？

基本上是相同的思維。

「溫柔體貼的男性容易被催眠。」就算這麼開場，通常不會真的有人說：「我被催眠了。看來我是溫柔體貼的男性。」因為這樣太過於厚臉皮。

目的是刺激男性的悲劇英雄主義，**「憂鬱男子傾向被催眠」**這樣開場就可以。如果想要保守一點，那就說成「潛在的憂鬱男子……」吧。

不過硬要說，男性比較傾向憧憬瘋狂。常用開場白的例子，感覺像是這樣：

「催眠術說穿了就是對方的想像力，喜歡妄想的人比較容易被催眠，這類型的人認為自己不行時，就真的事事不順；認為自己可以時，就真的無所不能，是不論結果好壞都往前衝的人。這樣的人可能時常感到憂鬱，潛在地抱持著自殺願望。」

如同女性的開場白訴諸「軟弱的自己」，裡頭再加進些許的瘋狂。給人像是「中二病❷」的感覺就行了。

男性不管到了幾歲仍舊「想要撒嬌」，但內心總是「不想被周遭人認為自己長不大」，所以才喜歡間接表現「我的精神不安定」。

換句話說，利用開場白**刺激「希望對方察覺、搭理自己」的感覺**，男性就容易欣然接受催眠術。

不論是男性的開場白還是女性的開場白，兩者的共通點都是透過**「間接肯定對方的少數派心態」**，敞開對方的心房。

我們容易喜歡認同「自己是特別的存在」的人。

想要成為對方心中特別的存在，那就先肯定對方是特別的——。人類，真的是非常不穩定的生物。

「一段時間就好，請喜歡上我。」

許多人想要學催眠術的理由是，「希望讓異性喜歡上我」。現在打開瀏覽器，鍵入關鍵字「催眠術」搜尋，會出現「靠催眠術任意擺佈異性」等字眼，並附上大量情色的圖像。

讓對方產生喜歡的心情，這樣的催眠是有可能的。

催眠受術者喜歡上毫不起眼的花瓶，大家應該都曾看過類似的影片或者電視節目。就我個人的經驗來說，讓人喜歡上某物的催眠術相當容易，甚至比「手變僵直」、「笑個不停」還要簡單。

我非常擅長「操弄喜歡情感的催眠」，只要確實掌握前面提到的「利害系統」，便可用理論解說其中的機制。

催眠受術者喜歡上花瓶，我通常會說：「數到三醒來之後，你會喜歡上眼前

❷泛指自以為是活在自己世界，做出自我滿足的特別言行，青春期特有的價值觀。

的花瓶。一、二、三。」

這個**催眠成功與否端看「喜歡上花瓶這件事，對受術者來說是否有好處」**。

舉個不乾淨的例子，假設暗示「喜歡上眼前的糞便」，是不會有人真的上前抱住糞便的，不論受術者是否被深入催眠。反之，若是暗示「喜歡上眼前的鑽石」、「喜歡上眼前的金塊」，受術者就容易接受催眠。

換句話說，在施展喜歡上異性的催眠時，**對方的容姿、其他條件，會對「喜歡上的對象是否重要」產生某種程度的影響**。

不論催眠再怎麼順利，若不符合對方的喜好，長相不夠好看，「喜歡上我」的催眠仍舊不會成功。

嗯，這真的是毫無夢想與希望。

雖然提示超出外貌不足以上的好處，能打破這樣的情況，但可以肯定的是，外貌是放在天秤上的砝碼之一。

其貌不揚的人想要靠催眠術受歡迎，難易度會相對提高許多。

「什麼嘛，那我不可能了……」內心失落的你現在放棄還太早。

本書最後準備了**讀者限定的特典——【「喜歡上我」的催眠暗示文】**。

有興趣的讀者可連結**網址**（http://frstp.jp/birdie）**免費下載**。
因為是嚴禁濫用的技巧，請各位自行斟酌使用。

手機保護套讀心術

光臨咖啡店的客人，多會把飲料與智慧手機放在吧檯上，看我表演魔術秀。現在不分男女老少，基本上是人手一台智慧手機（其實，筆者現在還是用舊式摺疊手機）。

智慧型手機的各種配件，現在隨處都能購買，由智慧手機上的保護套，可以窺看使用者的個性。

這是相當容易實踐的**讀心術**。因為使用者是從成千上萬的種類中，特意選出現在使用的保護套。保護套的顏色會是該使用者喜歡的顏色，套上的人物圖案會是該使用者喜歡的角色。

有趣的是，大部分的人沒有特別意識這件事，對選用藍色智慧手機保護套的人說：「你喜歡的顏色是藍色吧？」對方會驚訝反問：「你怎麼會知道？」

或者不用直接點明，譬如看到保護套又舊又髒，「你很念舊，會一直使用自己喜歡的東西，直到不能用才換新，像是錢包之類的……」說些乍聽之下好像沒有直接關係的部分；如果看到客人持有最新型的智慧手機，「一有新產品推出，你會想要搶先他人嚐鮮吧？」諸如此類，每次都能讓客人大為驚訝。

縱使只是客人剛好更換新機，只要說得煞有其事就行了。

當然，這並不僅限於智慧手機，**服裝打扮同樣適用，舉凡手錶、外套、飾品等，稍微留意一下，就能從對方身上所有的物品「讀心」**。

當客人掏出錢包，撇見裡頭的整復中心掛號單時，「身體哪裡不舒服嗎？關節……是腰在痛吧？」便能像這樣展現讀心術。

這稱為**「熱讀術（hot reading）」**，是知名算命店常用的手法。

店家會先安排客人進入等候室，觀察對方的樣子，揣摩需要的資訊。看到對方戴著價值數百萬日圓的手錶，不會明說「愛慕虛榮」，而是說「你是遇到自己喜歡的事物，會不惜花錢投注熱情的人吧？」

熱讀術的要點就是，**說出對方希望聽到的話**。

「鏡像效應」的真相

所謂鏡像效應，是指對方喝飲料時，自己跟著喝飲料；對方搔頭時，自己跟著……恍如鏡子映照般模仿動作，能讓對方湧起親近感。這是許多職場心理書籍常使用且容易實踐的簡易心理技巧。

其實，這技巧有多少效果不好說。光靠單純的模仿動作，並不會讓人感到「嗯……怎麼說呢？我就是覺得有一股親近感。」更不會讓女性產生上前擁抱的衝動。

即使對方說「我們之後再約吧」，也難以判斷這是不是鏡像效應的功勞（不過，對實踐該技巧的人來說，大概會覺得真的有效果吧……）。假設恍如鏡子映照般模仿對方的動作，真的能夠帶來效果，男性在追求女性時，應該要穿著女裝吧。

就催眠術的觀點來講，同調行為應該運用於對話上。

講話非常快速的人碰到講話溫吞緩慢的人，內心會焦躁難耐。

在催眠暗示對方時，施術者講話愈快，受術者也會跟著加快說話速度。換句話說，**不是施術者配合受術者，而是誘導受術者跟上自己**。

如果說催眠術是在建立投契、信賴關係的狀態下，由施術者以飽含情感的說法（如說話快速、臉帶微笑、生氣語氣）誘導受術者做出同調行為，那麼鏡像效應則是完全相反的情況。

對方講話快速時，自己跟著加速說話速度；對方高興談話時，自己也跟愉快地搭話；對方在說某人的壞話時，自己就邊點頭同意邊批評那人的不是。如此一來，你們之間就會形成新的信賴、投契關係。

除了對話之外，文字也具有類似的效果。

當對方在ＬＩＮＥ、Twitter等平台上撰寫推文，回覆時試著**與對方的訊息風格同調**。

比如，「今天天氣真好！！！我要不要來穿個迷你裙呢（笑）。」你看到這樣的短訊後打算回覆「真的是好天氣耶，好想看妳穿迷你裙的樣子。」

此時，若想與對方的訊息風格同調，引發文字的鏡像效應，回覆應該改成「真的是好天氣耶！！！好想看妳穿迷你裙的樣子（笑）。」

在日本，常見的「（笑）」還有其他表達方式，像是「好想看妳穿迷你裙的樣子笑」不加括弧的形式，或者「好想看妳穿迷你裙的樣子w」使用「w」代表笑的形式。

需要與對方同調的地方，不是「真的是好天氣耶」的意見，而是**「！！！」和「（笑）」的部分**。

如此一來，對方讀到訊息時，會覺得「我們說話的調調一樣」，愈聊愈開心，產生新的信賴關係。

鏡像效應是在對方沒有注意到的情況下，帶出「莫名的親近感」。

如果看到對方喝飲料的動作，自己才慌張伸手拿起杯子，只會讓對方感到「這個人在模仿我的動作？」適得其反。

關鍵不在「喝飲料」的行為，而是**與「行為風格」同調**，比如對方是一口氣暢飲還是用吸管慢慢啜飲。

在棒球場的觀眾席上，大家同樣是來支持自己喜歡的隊伍，但想要「坐著靜靜聲援的人」與「站著敲打喊話筒的人」好好相處，基本上是不可能吧。

在「聲援棒球」的形式上同調，就能產生所謂的鏡像效應。同樣都是會站起來大聲加油，興奮地敲打喊話筒或者出聲喝倒采，即使兩人支持不同的隊伍，心中也會產生好感，「真是場不錯的比賽。」

禁忌的鏡像「呼吸」

在配合對方的行為上，「呼吸」同樣是重要的要素。

催眠術經常活用「呼吸同調」。

比如，施術者配合對方的呼吸來暗示。**在對方吐氣時，邊說「『呼』地放掉力量。」在吐完氣換成吸氣的瞬間，暗示「你的身體漸漸僵直變硬！」**

這僅是「配合對方呼吸」的方法，不足以稱為禁忌之術，但若是想要操弄對方，必須意識「以自己的呼吸影響對方」。

舉個簡單的例子吧。

假設跟朋友一起從外面回到房間，你馬上坐到椅子上，「呼——」大口吐氣。此時，在一旁的朋友也會跟著吐氣：「有這麼累嗎！」

請把這想成是**操弄對方情緒的呼吸**。

換句話說，明顯向對方傳達自己的呼吸時，對方的情緒狀態會跟著「受到影響」。

想要讓對方情緒亢奮，就在對方的耳邊急促呼吸（請自行判斷情況適不適合這樣做）。用於暗示的場合，請先面對面而坐，**配合對方的呼吸**。

一開始可以先用言語誘導對方。

「請先緩慢深呼吸。」然後，**注視對方的眼睛，讓對方的肩膀動作對上自己的呼吸**。

接著，稍微超前對方的動作，做出些許誇張的呼吸動作，如聳起肩膀、漲起肚子等等。

這邊僅是**「稍微超前」**而已，不能和對方的呼吸有過大的落差。

當對方的呼吸追上自己後，再稍微加快呼吸速度。

只需要大約五分鐘的時間，就能成功讓對方的呼吸比平常快上許多。如果順利，甚至還能讓對方上氣不接下氣。不過，這屬於高難度的技術，一開始可找朋友試試，在不告知內容的情況下進行練習。

「心理強選」的機制

在魔術界中，有個演出名為**「心理強選（Mental Force）」**。

比如，從紙牌中抽出紅心K、黑桃7、方塊A、紅心4、方塊9，按照這樣的順序排序五張牌。

「請你選一張你喜歡的牌。」當魔術師這樣一說，大部分的人都會選紅心4，非常神奇的現象。

為什麼會是紅心4呢？因為紅心K是唯一的人頭牌，黑桃7是唯一的黑色牌，方塊A太過顯眼，而排在最右邊的方塊9又讓人覺得不安（？），所以大部分的人才會選擇平淡無奇的紅心4。

這項演出已經改成適合性格保守的日本人，但原先的戲法是出自國際魔術界有著「教授」綽號的魔術師戴・福農（Dai Vernon），此魔術戲法又稱為**「心靈強選（Psychological Force）」**。

雖然前面列出各種「不選的理由」，但還是會有人「刻意這樣選」，所以並非百分之百都會說中。

這個現象的真相是**「在平淡無奇的氣氛下選擇」**，如果魔術師宣示「我絕對會說中你選擇的紙牌」，出現的選擇又會是千變萬化吧。

在催眠他人時，不會有人明說「我要讓你丟臉」；在欺騙他人時，不會有人聲明「我現在要來騙你」。詐騙犯最在意的是「氣氛」，若讓對方提起警戒，那對方就不會「受到當下的氣氛所影響」。

無論多麼幼稚的戲法、多麼明顯的詐欺，只要對方受當下的「氣氛」影響，就都能夠成立。

曾有年輕魔術師來店向我「討教魔術」，當時我拿出一副五十二張全是紅心

A的牌組，跟他說：「你試著用這副牌對沒看過『陰魂不散（Ambitious Card，將客人抽出的紙牌永遠變到第一張的魔術）』的客人表演。」

當然，只要紙牌全部翻成正面，手法馬上就會露餡，但若能營造好當下的氣氛，能夠不讓客人起疑：「這副牌有問題，讓我檢查一下。」

「他是很厲害的魔術師」、「現在要表演非常高明的魔術」，只要讓客人心中浮現這樣的意識，就能讓客人不疑有他。

這樣的手法用在魔術上還沒問題，但若用到斂財宗教，或者擾亂人生的詐騙行銷，那可是教人恐懼萬分。

讓對方答應要求的話術

想要請別人幫忙，假設可以分為「拜託幫忙」的第一階段，與回答**「不方便」**、**「好啊」**的第二階段。

因為是「你開口要找人幫忙」，因此決定權在對方，對方有可能拒絕，不會事事如你所願。

那麼，現在轉換觀點。

大家應該都有過尋求他人幫忙的經驗，其實只需稍微計算、理解、運用技巧，便能大幅增加解決事情的效率。

比如，想要請某人幫助時，表示：「我明天有話跟你說，能留點時間出來給我嗎？」

「他找我有什麼事情？」對方心中會感到不安、期待，**追加了一個多餘的思考階段**。

如果有話要說的人是主管，部下會感到不安「我該不會做錯了什麼事吧？」所以隔天聽到「能請你幫忙我搬家嗎？」「什麼嘛，只是幫忙搬家啊。還好沒事。」不難想像部下會鬆了一口氣，同時爽快答應吧。

追加一個思考階段的做法非常有用，對異性表示：「我明天有話跟妳說。」對方就會馳騁思緒，「不會是要向我告白吧？若真的被告白該怎麼辦？要拒絕他嗎？」

隔天，「其實，想要請妳幫忙寫大卡片。」聽到這樣的話，「什麼嘛，不是要告白啊？」心中難免有些失望，怦然心動的感覺消失，好像缺少什麼似的。

基本流程是，**「應該是這樣吧？」先讓對方擅自想像最佳狀況或者最壞狀況，然後再背叛他的期望**。這就是反轉立場的訣竅。

販售商品的場合，遇到看起來不打算花錢的人，老闆可以營造不妥協的氣氛，「我是不會砍價的，你就自己看著辦吧。」

如此一來，對方內心就會追加一個思考階段，「雖然沒有什麼希望，但老闆還是可能算我便宜一點。」讓看起來不打算花錢的客人多加遐想，「老闆會算便宜一點？還是不會算便宜一點？」

追加一個階段的時間不可過長，短短的即可，但也不可以過短。

時間會根據當時的情況而改變，跟感覺、對方的心情也有關係。

稍微實驗一下，打開ＬＩＮＥ等通訊軟體，傳送訊息「下次見面時，我有話想跟你說。細節到時候再談。」

僅僅只是在傳達前**穿插一個思考階段給對方**，就能讓你掌握主導權。

就催眠術的觀點來說，這是因為「不安會深化恍惚狀態」。催眠術包括兩個面向，「極度緊張」與「極度放鬆」都屬於催眠狀態。

若說「完全信賴你」是對你產生興趣，「對你抱持懷疑」、「對你感到害怕」則是代表對方已經受到你的影響。

「不被他人強迫」的思維

「給我做」、「做就對了」當我們被他人強迫，原本想做的事情也會變得不想做。放到「利害系統」上來看，不想做是因為**我們極度想要避免他人得利**。

簡單舉個例子。

「請和我交往」、「好啊」這樣的告白情境，說穿了，其實只是「自身利益」勝過「對方利益」而已。

所以，前面提到的**「穿插一個思考階段」**是非常「狡猾」的做法，先讓對方意識「想要知道」、「想要聽聞」、「想要迴避預期的最糟狀況」等，再提議怎麼做可以達成、迴避，讓對方覺得接受提議對自己有利。

不讓對方認為自己是被迫受害，情況會變得相當有趣。

對購買音樂會門票的客人，說：「不確定還有沒有位子，我幫您確認看看。」讓客人想像「去不成」的最糟情況，接著再說「最後一排還留有座位」，客人會覺得「迴避損害是利益」，心態轉為「還有位置就好」。

如果售票員直接表示：「剩下的位置就只有最後一排了。非常抱歉。」客人只好將就前往音樂會，這兩種情況有著著雲泥之差。

這項方法的濫用例子，有「和解金」詐騙。

先敘述「親人遭遇事故」的事實，讓被害人聯想「警察」、「監獄」、「判刑」、「賠償」、「殺人」等最糟的情況。

接著，誘導被害人意識「迴避損害是利益」。

詐騙犯先掛斷一次電話，讓被害人不斷想像最糟情況，再致電「對方願意談條件和解」，騙取被害人能夠支付的金額。

此時，對被害人來說，付錢變成利益。如果一開始就提「支付和解金」，會讓被害人起疑：「真的嗎？不會是詐騙吧？」

魔術、催眠和戀愛，都需精巧構思安排劇本

我經常把催眠術比喻成電影。

催眠術**可想成是一連串暗示的電影**。

不論是催眠秀從最初到最後的演出，還是從愛慕某位女性到她也喜歡上自己的發展，抑或是拜訪推銷到購買產品的過程，都可說是類似的情況。

每部電影都有主題。

主題可能是「感動落淚」、「恐怖尖叫」、「引人發笑」或者「戀愛情結」。

透過暗示讓人哭泣或者給予恐懼，就是製作電影一樣，把自當作電影的導演、腳本家來構思。

前面穿插許多下流的黃腔，接著安排「來吧，傷心落淚吧！」的感動場景，

這需要非常高度的構思。才剛看完英雄與邪惡帝國在外太空的對決場景，下一幕很難接上鄰近流氓的日常情景。

另一方面，想要讓人看得熱血沸騰，卻全程安排功夫英雄的打鬥場景，不用多久觀眾就會看膩，但也不能前面兩個小時連續播放日常情景，這只會讓滿心期待功夫打鬥的觀眾百無聊賴。

如果電影的主題是「感動落淚」，製作時就得計算怎麼切入主題、哪邊要進入高潮、在哪邊刺激淚腺。

最為重要的是「抓住人心」。

表演魔術秀的場合，客人買票進場都是「想看神奇的演出」。

然而，一開始卻演出：「這邊有四張A。確認一下，一張、兩張、三張、四張……然後，這邊有四張老K。一張、兩張……」

這是置換A與老K的經典魔術《Reset》，但若一開始選擇這個表演，會讓觀眾浮現疑問：「這個人真的能表演神奇的魔術嗎？」

第一齣演出必須「抓住人心」。

我是什麼樣的人？想要把觀眾怎麼樣？想要讓觀眾喜歡表演嗎？想要讓觀眾

看得盡興嗎？

這些答案，得在魔術表演、問聲招呼或者最初對話中展露出來，否則這場秀可能就會以失敗告終。

如果要演出催眠術，就表現出「我是高明的魔術師」；如果要表白，就表現出「和我交往，你會有好處」，務必在一開始就這麼做。

魔術師從口中變出紙牌做為開場，演出同時傳遞的訊息是「我是有趣的人喔！接下來的表演會讓你們又驚又喜」，是非常出色的「抓住人心」。藉助從口中拿出紙牌，讓客人想要期待後面的魔術，興趣濃厚地觀賞演出。

當然，除了魔術現象之外，「外表」、「地位」等各種要素，也能發揮「抓住人心」的作用……。

「抓住人心」後，接著是「營造高潮」。

營造高潮首先得引發數起現象。若是培養兩人關係，就先多約會幾次；若是販售商品，就先平淡介紹商品的優勢、好處，**接著再提供決定性的事物，炒熱當下的氣氛。**

當然，這個決定性的事物會因狀況而變，但如此用心構思，肯定能帶來預期的結果。

想要擄獲異性的芳心，達成「對方喜歡上自己」，至少要有「抓住人心」（第一印象）、「營造高潮」的構成，才有機會迎接結局。

二十四小時連發「我喜歡妳」、「我愛妳」的訊息，就像是一場無聊的電影，對方一點都不會想要理你。

魔術技巧「多重解釋」

遇到不確定、不確實的現象，學會魔術技巧中的「多重解釋（Multiple Out）」，有非常大的幫助。

暗殺者最初一招未能斃命目標，會繼續祭出第二、第三招——雖然實際上沒有這麼誇張。

如果說前面的魔術師選擇類似「複數故事情節」，像是遊戲書（Gamebook）❸的中途選擇，那麼**多重解釋就相當於「多重結局」**。

與遊戲書、電玩遊戲最大的不同是，不讓對方察覺「有其他結局嗎？」若最後是歡樂的結局，就得讓對方認同「只有這樣的結局啊。」

講得極端一點，「請想一個你喜歡的數字。」表演者這樣問，而對方回答：「3。」

然後，表演者自信說道：「跟我猜想的一樣。請看一下你眼前杯墊的背面。」誘導對方翻開杯墊。結果，背面上頭寫著「你選擇了3」——。

雖然這例子過於極端，讓人不由得搖頭，但大致的情況就像是這樣。

表演者胸口袋裡放了寫有「你選擇了1」的紙片，房間的扁額後面寫有「進入這個房間的人，只會選擇2」。

當然，作為魔術表演，會以極為巧妙的說詞、手法包裝，不讓人察覺「可能還有其他的結局」。

---

❸結合了書與遊戲的因素，讀者可自己選擇中途的情節，最終達到不同的故事結局。典型的情節岔口如「如果你決定回家，請翻到第4頁；如果你決定等待，請翻到第5頁」。

重點是，**給予對方選擇項目時，得事先準備好雙重、三重結局**。

邀約女性一同看電影，要先準備好戀愛、動作、恐怖電影等三種票券再約（雖然現在少有人握著電影票邀約女性的光景，總之勉強想像一下吧）。當對方說出想看的電影，「其實，我手邊剛好有那場電影的票券。」這就是多重解釋的思維。

進一步，晚餐也可以事先準備中餐、西餐、日本料理等三種選擇，再事先預約好飯店，見面後可先問：「妳想要一起去用餐還是看電影？」

如此一來，就有六種多重解釋。

除了男女約會之外，報價時也可事先準備不同的定價單，再視客戶公司的財務狀況來提示不同的定價單，透過有意識地準備結局，就能宛若使用超能力般，讓事情順利推進下去。

不著痕跡地準備，避免遭受質疑

魔術之所以為魔術，是因為表演「從準備階段就已經開始」。當觀眾看到表演者從包包或者口袋裡拿出紙牌、外幣，不論接下來表演多麼不可思議的現象，內心都會產生逃避現實的質疑「那副紙牌有問題」、「那個道具很可疑」。

「因為他有事先準備，所以不管發生多麼神奇的現象，都必定有詐。」觀眾心裡會這麼認為。

「大家好，我是魔術師 Bridie。」只是打招呼，但觀眾會想「他是魔術師，肯定有先練習過表演吧。」並認為「這個人為了讓我驚奇，可是有備而來的」，這樣想法會阻撓觀眾內心產生純粹的驚訝、情感的動搖。

當然，作為一場表演秀，觀眾或許能享受各種魔術演出，但並非真心覺得不可思議。

因此，以超能力表演的超能魔術，不論安排什麼樣的演出，**切忌使用「自己**

準備的道具」（這是我個人的見解）。

使用現場有的紙張、鉛筆，或者借用觀眾帶來的物品，成功表演讀心等現象，才真的教人拍案叫絕。

拿湯匙彎曲的演出為例，比起自己從袋中拿出準備好的湯匙並宣稱「這是剛剛買來的」，不如直接向觀眾借用剛用完餐的湯匙，用餐巾紙擦拭乾淨後再表演湯匙彎曲，驚訝度立刻增加數十倍。

對於不曉得從何而來的物品，觀眾會質疑其中有詐，沒辦法給予完全的信賴。

在電影、連續劇中，曾經看過說著「我開好房間。」一面把玩飯店鑰匙的男性（現在請不要這樣做），這正是「打從一開始就別有居心」的代表例子。女性見到這種行為，「他今天本來就打算過夜？」會油然而生不信任感。

另一個例子，日本忌諱白包放入新鈔。因為新鈔得由銀行重新印製，可讓人解釋為「早就預想到有人會過世」，是受人避諱的奠儀禮儀。

在商業上，「今天打算和你們簽契約。」客戶話才說完，「我想也是如此。」你就好像等不及一樣，拿出契約書推到客戶面前，笑說：「只差蓋印章而已！」這樣的舉動會讓客戶不是滋味。簽契約是讓己方賺錢、贏得利益的行為，事前準備好契約，會讓客戶強烈覺得是一種損失、弊害。

話題回到魔術上。

「請教教我能在飲酒會、聯歡會上簡單表演的紙牌魔術。」經常有客人這麼討教，但請仔細想一下，當你在聚會上從包包裡拿出撲克牌，「那個人想要表演魔術來吊女人。」不是馬上露餡你居心不良了嗎？

真的能夠吸引對方的是，**「經過計算但表現得不著痕跡」**的行為。

簽約時，你得先表現得一臉意外「哎！真的嗎！」才翻找包包拿出契約書；約會時你得確定女性願意一起過夜，才慌張地預約飯店。

當然，這些實際上都是經過計算的行為。

史上最厲害的魔術

稍微偏離話題一下，提到魔術的事前準備，每當被問到：「哪個魔術最厲害？」我都會分享以前的經驗。

我開始接觸魔術時，老家神戶有間英式酒吧，我每週約會去表演兩次魔術秀（雖然現在那家店已經收掉了）。

當然，我那時還在跟當地的魔術師慢慢學習，只能算是初學者在酒吧獻醜，很多時候難以稱作是魔術秀，被客人辱罵、跟酒醉的客人吵架是家常便飯。

那個時候，供我上台表演魔術的酒吧，打算舉辦吸引客人的活動，利用當時的社群網站企劃「魔術愛好者聚會」。

那是一個月一次的聚會，辦得還算不錯，每次都有數十人前來參加。某一天，我在那間酒吧討教的魔術師更上面的老師，**「穆罕默德・福岡」大師**突然光臨酒吧。

看完魔術的福岡大師，「不錯，表演得很有氣氛。」不吝惜稱讚我，接著準備打道回府：「那麼，有緣再見。」

「大師，能否請您表演一個魔術？」我惶恐地拜託。「不了，我沒有什麼好表演的魔術。」「拜託，一個就好。」「那就一個吧。我借用一下那邊的紙牌。」大師伸手拿起不曉得誰玩完沒有整理，隨意堆放在店裡一角的破爛紙牌。

「別這樣，大師！我馬上拆封一副新的紙牌！」我馬上說道。「不用啦，這副牌就夠了。」大師說完就開始表演魔術。

真的是不可思議的魔術。詳細的過程省略不說，簡單講就是大師依序說中我和其他觀眾手中的牌組。我當下非常感動，當天聚會就這樣落幕。

事後，我始終忘不了福岡大師的魔術，翻閱了各種書籍，真的讓我找到完全相同的魔術。

但是，書上卻這麼描述：

「紙牌的排列要看似凌亂卻有規則。所有的紙牌都要事前準備好。」

此時，我再次對這個魔術感動，真的流出眼淚。

換句話說，福岡大師為了前來表演，幾天前就來過這間英式酒吧，在店內一角留下有規則排列的紙牌。

那些紙牌可能被店員收掉，也可能遭人動過而改變排列。真要說的話，若是我那天沒有要求「請您表演一個魔術」，福岡大師大概會當作什麼事都沒發生，直接離開吧。

我這時才真正了解。**想要讓觀眾看得盡興，需要如此柔軟思考、事前做好準備，這樣才是真正的魔術師。**

最簡單的催眠術

哪種催眠術最簡單？

稍有涉獵的人可能會舉出「兩根手指黏在一塊！」「整隻手變沉重！」「左右擺動硬幣！」等各種誘導催眠吧。

我認為最簡單的催眠術是**「微笑打招呼」**。

「你好，我是Bridie！」當我微笑向他人搭話時，對方也會回以微笑：「你好！」

這算是**催眠術的基本形式**。

「你好，我是Bridie。我能夠讀取別人的內心。」一臉嚴肅地打招呼，對方也會一表正經回看你。

想成是陪著哭、跟著笑的情景會比較容易理解，亦即**對方跟自己的情感同調**。當你看漫畫看得哈哈大笑，朋友會邊微笑邊湊近：「什麼劇情這麼好笑？」這是朋友與你的情感同調，或說是「對你敞開心房」的狀態。

上台表演魔術秀時，「大家好，我是Bridie！」我接著會邊微笑邊說：「說來丟臉，我剛剛不小心迷路了。」

此時，我會觀察會場當中，**約有多少觀眾跟著我笑起來**。如果遇到沒有任何人跟著笑，那麼接下來不管做什麼，表演都不會順利。

專業相聲演員或者工作上需在眾人面前開口的人，都有過類似的體會吧。

「場子暖起來」可說是「對表演者、演出企劃建立信賴關係（投契關係）的狀態」。

那麼，為什麼「微笑」的情感會比「一臉嚴肅」更簡單呢？這是因為**「微笑」這個行為，不會讓人覺得有什麼壞處**。

哪天你想要測量或者縮短與顧客、戀人之間的距離，你可以先帶著笑容打招呼，嘴角輕輕揚起說些好笑的內容。

若是對方無動於衷，請繼續若無其事地閒話家常，直到對方笑起來。在情感沒有傳達出去的狀態下，不論談多麼重要的商談、事情，都絕對不會有好的局面出現。

身體僵直的催眠也是相同的做法，自己先要真的認為肌肉會僵直，再說：「肌肉變得僵直！」笑個不停的催眠，要自己先真的認為很有趣，邊笑邊說：「你會笑到停不下來！」確實讓對方與你情感同調，這些現象都不難做到。

想要掌握所有催眠術的根本，莫過於「微笑打招呼」。

耍人要真心才有效

在魔術界，有稱這種演出名為「耍人戲法（Sucker Trick）」。即便不曉得這個名詞，應該也曾經聽過類似的現象。

「你抽出的牌是紅心3吧！」「不是。」「哎！弄錯了嗎！？不過，把這張紅心3在袖子上摩擦一下，就變成你抽出的牌了！」

換句話說，**這是刻意讓對方覺得魔術失手，但卻在其他地方成功的把戲**。說穿了，觀眾內心多多少少都會想「魔術失手也會很有趣……」才剛想說魔術師回應了這份期待，不料馬上遭到背叛，如同在傷口上塗抹鹽巴再貼OK繃的演出。

因為有太多魔術師都用這招，最近即便說：「蛤！搞錯了嗎？」觀眾只會反應：「少來這一套，你早就知道我抽出的牌吧？」「反正你最後還是會說中嘛？」

翻開魔術教材，裡頭寫到「先假裝表演失敗，最後再背叛觀眾，說中他抽出的牌」，但許多魔術師都沒有了解這句話的本質。

真正的重點不是說中紙牌，而是讓觀眾覺得「失手了？」聽起來理所當然，然而，現在許多的專業魔術師，都只是平淡地說：「蛤？搞錯了嗎！」

換句話說，他們根本沒有真心想要耍人。

「我其實早就知道你抽出什麼牌了！」甚至還有魔術師毫不掩飾，矯揉造作地說：「搞錯了嗎！」真是讓人不勝唏噓。

沒有比預定和諧的緊張刺激，更為無聊的事情。

試想，在看動作電影時，打出字幕「拍攝場景皆有考慮演員的人身安全」。這根本是荒誕至極。

即便知道那是電影，即便早就了解魔術手法，觀眾還是想要沉浸其中，體驗刺激。**想要說謊，那就得真心扯謊才行**，只有真心的謊言才有辦法把對方拉進恍若電影般的世界當中。

在戀愛上活用「吊橋效應」

「吊橋效應」是有名的心理效應，很多人都有聽過吧（這個效應是不是真的這麼有名，我自己抱有很大的疑問……）。

在安穩的地面上與在搖晃的吊橋上，對異性說「之後再聯絡」而真的有繼續來往的情況，實驗的結果顯示，在吊橋上傳達的成功率會高出兩倍。

原理是人容易將外因造成的心跳數上升，誤以為是對異性的戀愛情感。如果真的只靠怦然心動，就能讓對方誤以為對異性產生戀愛情感，那麼世上所有的人，現在都應該馬上練習加快他人心跳的方法吧……

就催眠術的觀點來說，產生戀愛情感時，有些人會心跳加快，但有些人卻不會。

如同被催眠「你現在是一條狗！」，有些人會變成大型犬，但有些人會變成小型犬，一樣米養百樣人，每人的戀愛觀、經驗都不同，所以需先設想對方產生戀愛情感、對異性抱持憧憬時，內心會發生什麼變化。

實際上，在吊橋上成功的機率為67%，在安穩場所成功的機率為37%，單就「戀愛＝心跳加速」，亂槍打鳥的效果還算不錯。

然而，利用暗示、催眠來控制對方的場合，通常是針對特定的人，不可能每天十幾個人分別帶到吊橋上。

不過，催眠術、暗示是在對話中也能進行的高明話術。

雖然未經過實驗證實，但有許多加快心跳的有效方法。產生戀愛情感、對異性抱持憧憬的當下，內心會發生什麼變化？答案請**直接詢問對方就好**。

拋出類似下面的問句，對方便會在腦中浮現符合條件的異性。

「妳過去最喜歡的人，是怎麼樣的人？」

「妳現在最想見到誰？對方是演藝人員也沒關係。」

「當妳非常喜歡對方時，會採取什麼樣的行動？」

這樣問下來，對方就有機會心跳加速。當然，對方也有可能想起苦澀的戀情，頻頻嘆氣；也有可能想起已逝的戀人，傷心落淚。

但是，內心產生這些情感的當下，對方眼前的人就是你。這可說是在現代戀愛上活用「吊橋效應」的正確方法。

「向異性朋友尋求戀愛上的建議，最後跟那位朋友走到一起。」這樣的例子真的不少見。

就像看完恐怖電影後，會突然對隨處可見的廚房門、房間門感到毛毛的。面對再熟悉不過的朋友——你，邊想像喜歡、憧憬的人邊尋求建議時，對方有機會把你視為戀愛對象。沒錯，即便你只是那扇有點骯髒的廚房門。

不被拒絕求人術

如自己所願地控制對方，對於「能為我做……嗎？」像是「跟我交往」、「拜託工作」等要求，對方全都回答「好的，我很樂意」。簡單講，就是不讓對方說「不」的方法。

如果對方說「不」。**拒絕的理由如同前面的解說，只是「因為沒有好處」**。

比如，有一位朋友邀你：「一起去吃碗拉麵吧。」

沒錯，那位朋友在你讀這本書的現在，邀請你一同外出用餐。

選擇拒絕的人，心中應該會浮現各種壞處，如「沒有錢」等等，也有人會想說，「現在肚子沒有很餓，去居酒屋小吃一下還可以，但去拉麵店就得點一大碗的拉麵。我是可以只跟朋友討一口吃啦，不過這樣好浪費時間。」

那麼，如果邀的人是你憧憬的異性呢？

你大概就會去了，沒錯吧？

對於一件拜託，會想得如此複雜的動物就是人類。

換句話說，聽到「跟我交往」的瞬間，腦海中會立刻分析，「雖然我喜歡年紀比我小的人，但年長者的經濟能力很有魅力。可是，被朋友認為自己和中年大叔交往，又覺得挺丟臉的，而且，如果發展到結婚關係，他的年齡又不好向父母介紹。」即便不是一瞬間，在數秒內就會將利害放到天秤上衡量，評估各種好處與壞處。

而我要介紹的不被拒絕拜託方式，不是其他心理書籍、心靈控制術等可疑叢書中，「Yes Set 語法」、「叫名字比較有親近感」等技巧。

而是**能向對方傳達多少「和我交往能讓你得到這麼多好處！」**

拜託工作的場合，就展現「做這件工作能讓你得到這麼多好處！」

就男女交往來說，只要讓對方感到「和這個人交往好處多多」，即便沒有主動告白，對方也會自己貼過來。

若想要跟異性交往，但告白卻屢屢失敗，你得改變一下根本觀念。

只要不斷展現「我能給妳這麼多好處」，就不會碰一鼻子灰。

了解對方對自己抱有什麼印象，假設是「聽這傢伙講話就教人氣憤」，想讓這樣的人答應交往，難易度會非常高吧。

被部下討厭的主管、被後輩討厭的前輩，或者相反的情況，必須聽從後輩指示的前輩、不得不採納部下點子的資深主管……

在金字塔階級較分明的職場，拜託他人是否成功的關鍵就在於，該怎麼展現對方能獲得好處，創造對方自願帶著肯定回答來找你的狀況。

催眠術是心理學嗎？

該如何辨認對方是否中暗示？催眠術指南書常會舉手掌的發汗狀況、閉眼的眼球運動、臉部肌肉的鬆弛狀況等。

這些特徵屬於基礎心理學中的生理心理學（探討生理活動與心理現象之間的連結）。

當然，讀取各種徵兆判斷是否中暗示很重要，但置入暗示的前提部分，亦即前暗示的部分，就前面解說的「利害系統」來看，會比較接近**「數學心理學」**。

將利害系統化為數值，辨別受術者「有無進入催眠狀態」。

而暗示的部分，譬如「周圍的人都被催眠了，所以我也會被催眠」、「周圍沒有人被催眠，只有我被催眠就太丟臉了」，這種想法則偏向社會心理學（社會環境的影響對心理產生的效果）。各種催眠術的效果可用不同學術領域解釋。

不過，無論是數值化還是統計化，催眠和被催眠之間並非不連續的數位狀態，而是連續的類比狀態。只要身為人類，1與0之間還存在著0.5、0.52。

催眠師所需要的能力，是洞察心理上微妙的數值變化，了解對方當下為何種數值。

只是透過學習心理學，掌握「這個現象是根據這項理論」的結果論，對催眠技巧完全沒有幫助。

催眠術與低飛球技巧

「低飛球技巧（low-ball technique）」，是先提出簡單的條件讓對方吞下，後面卻突然改變，**讓對方不好否定已經做出的承諾，巧妙利用「事先取得承諾請求法」的商談技巧**。

低飛球（low-ball）是設想別人一開始容易接受的條件，比如，店家先以「便宜賣！大拍賣！」等口號吸引客人上門，最後才在結帳時說：「這幾樣商品不是優惠對象。」在成人影片中，風俗店會用「看看小姐也行」之類的說詞來拉客

（勸誘方式純屬想像虛構）。

施展催眠術時，很多人一開始會說，「好可怕！」「不曉得會發生什麼事，我不要！」他們會這樣說，是因為認為「我被催眠後，可能會被做奇怪的事情」。

重點在於「我被催眠的話」，這樣設想就等同於預設自己會中催眠術。「我大概會被催眠吧。我好怕被催眠後，不曉得會被怎麼樣。」這樣思考的人容易中催眠術（建立催眠術的投契關係）。

遇到這樣的人，表演者還是得想辦法讓催眠秀進行下去。

然而，「沒事的，我不會害你啦，總之你就試試看嘛。」這樣的勸說跟成人影片中的勸誘方式沒有兩樣。「只是手變僵直！真的就手變僵直而已！」在催眠師苦口婆心的勸說下勉強接受請求，受術者卻沒有注意到手變僵直的嚴重性。對沒有過催眠經驗的人來說，手得僵直可是件不得了的事情。

催眠術中的「低飛球」出現在哪邊？答案是把催眠術本身包裝成「低飛球」的最初「對話」。

「你聽過身體束縛嗎？那其實是催眠術的一種。」
「有些國家承認催眠術的醫療效果。」
「你知道刨冰的味道其實都一樣嗎？只是因為不同顏色的暗示，才產生味覺上的變化喔。」

像這樣將催眠術中肌肉僵直（Catalepsy）等術語，轉換成味覺變化等日常現象，「這樣啊，原來大家平常都會被催眠嘛。」便能讓對方產生這樣的想法。

這就是催眠術上「讓對方接下低飛球」。

開始催眠時，「上小學的時候，你應該也有玩過才對？兩手像黏在一起一樣交指相握。」邊說邊在對方眼前實際表演。

「這是小學生也會做的事情」、「我現在也在你的眼前做」、「這一點都不可怕」，重要的是誇張表現，自然傳達「沒有人會因催眠而死亡」的意圖。

當然，判斷對方上鉤後，馬上投出低飛球：「瞧！你真的動不了！變得硬梆梆了！」

5

第5章

催眠術應當被毀滅

歷經一百三十年都沒有改變

催眠術一詞在日本傳播約是在明治二十年（西元一八八七年），也有人說是在更早的時候，**催眠大約具有一百三十年以上的歷史**。

當然，我們沒有辦法見到當時的情景，但由拍賣會等地方出現明治時代的古老催眠書籍，其盛行可見一斑。不過這邊並不是要追溯催眠術的歷史。回溯其歷史沒有太大的意義，因為由現代的催眠術來看，可以確信**「催眠術沒有任何進步」**。

對「術」的隱匿說法感到憧憬且性格陰沉的人們，願意砸下重金討教學習，其中有些人順利學會，但也有些人不是，而這些順利學會施展催眠術的人，後來又出來當「老師」，收取重金傳授催眠術。

而那些催眠師，當遇到有人表示自己「我才不會被催眠」，就蔑視對方「你的受暗示性低下」；當遇到容易被催眠的人，就「任由自己擺佈」，讓他被觀眾看笑話。

雖然這麼說有些極端，但無論是電視媒體興起的現代，還是 Youtube、社群媒體的網路時代，我想**一百三十年都沒有成長的秘術正是催眠術**。

一百三十年來，催眠師給人的傲慢形象已經根深蒂固，如今才想「改變催眠術的形象」，可說是不可能的任務。

各位想想看，嘴巴說說就能讓手掌張不開，明明是如此神奇的現象，卻少有人想要學習這樣的技術，真是令人不敢相信。

一百三十年間沒有辦法消除「那只是騙人把戲」的偏見，完全歸咎於**催眠師的怠慢**。

雖然不是說所有的催眠師，但很多人穿著前衛視覺、怪異滿點的服裝……我曾經有一次在正式表演秀之前，對幾位來賓進行「測試受暗示性」，如「手指黏在一塊」、「整隻手變沉重」等等，但果然有其中幾位得意地伸出沒有黏在一起的手，說：「我不容易被催眠，真是對不起喔。」

這是因為很多人都認為**「催眠術＝讓人看笑話的節目」**。他們不想要上台後被當成跟狗一樣，受到觀眾指指點點、嘲笑一番。

到底來說，**催眠術不適合作為給眾人觀看的表演**。僅有被催眠的人才能體會自身發生的變化，在其他人眼中卻是「那是騙人的啦」、「他只是裝作被催眠」、「他識趣上道」，並瞎起哄：「哎～！真的嗎？」看到、聽到這樣的反應，催眠師還一臉得意自滿。

若是在觀眾看到斷體魔術會昏倒的時代就算了，但時至今日，這樣的表演秀怎麼能稱作娛樂節目呢？

所以，我要鄭重地在這裡說：**「催眠術一詞和催眠師應當被毀滅。」**只要搬出催眠術一詞，只要打著催眠師的名號，就得背負一百三十年來無法抹滅的負債。

「資格」砸錢就可買到

催眠師其實沒有什麼正式的資格。

自稱「我擁有正式資格」的催眠師，大多只是拿著個人工作坊所頒發的「催眠師認定」、「催眠治療師○級」等證書。

那些證書，不過是用來誤導人的普通紙張而已——誤導那些不了解催眠術業界的人們，**以為「他持有正式資格，所以真的會催眠術」**，讓砸錢學習催眠術的人能夠自誇「我擁有正式資格」。

大多數的情況是如此，而剩下的少數人，則是由國際大型催眠協會獲得資格。

那麼，國際資格才是真的？其實不然，實際走訪一趟會發現，國際根本不需要聽課，閱讀幾本相關書籍便能獲得證明，消費相當於幾萬元金額，不久便能收到資格證書，完全淪落為**「買賣的商品」**。對國際機構來說，只需要頒予認定，就有相當於數十萬元、數百萬元進入口袋，沒有比這更有賺頭的商品吧。

國際證書還可以引發崇洋情結。

美國的確有不少大型的催眠術、催眠治療團體，高喊「催眠療法在國際受到認可～」、「歐美有催眠博士的稱號～」但是，為什麼會有人沒有注意到日本其實並未承認這樣的資格，**不惜砸錢購買資格呢？**

因為在「售出」資格的同時，也「售出」了教導他人的資格。

如果一定要購買類似的資格才能出來教催眠術，那麼我早就是背負無數前科的重大要犯。

總之，不論是「聽課數百小時所頒發的資格」，還是「參與三天研修所頒發的資格」，各機構依商業利益所販售的資格，皆不是具有效力的證明。

有些人別有用心，取得這些資格後，會宣稱「我能讓你心智退化」、「我能看見你的前世」等等。

前往學習催眠術的人，沒有自覺「自己中了威光暗示」。

催眠術這種東西，只要有心施展，可以現學現賣。

「前世催眠」的本質

有多少人相信前世呢？

這會因不同的國家、信仰的宗教觀，而有很大的差異。

認為透過催眠術可以看見前世的人，實際上有多少人呢？真要說，轉世是從哪裡轉世過來的呢？若人只能轉世為人，世上理應不會有人口增減的問題。

以前面章節提到「既然如此」的思維，討論輪迴轉世是否存在，只會是沒有結果的議論。實際上，催眠對方陷入恍惚狀態，回到自己的前世，有些人會看到身為蟲子的前世，有些人卻只能看到身為人類的前世。

先不討論輪迴轉世是否真的存在，他們看到的大概是「自己能夠想像的前世」。

讓女性看見前世時，多半會浮現中世紀歐洲的景象；讓男性看見前世時，大多會變成江戶時代的武士或者商人。

不過，人從死後到轉世的間隔，真的時長都差不多嗎？

我至今看過將近一百位「被催眠看見前世的人」，倒是沒有任何人回到「嗚喔嗚喔」叫的原始人。

在我開始學習催眠術時，已經有各種千奇百怪的教室。有一次在某間教室，老師要我喝下漂浮著可疑葉子的開水，引導我躺到沙發上：「躺下來和你心中的神明對話。」然後，老師對我說：「你慢慢會看見前世。」或許就是這樣的經歷，讓我對「前世催眠」產生偏見。

不過，**前世催眠本質只是「看見自己想要看到的事物」**。

中世紀歐洲是日本女性自小在少女漫畫上經常接觸的世界，而日本男性對前世的印象多是來自描述江戶時代、戰國時代的時代劇。

即便是單純暗示「你現在是一條狗」，有些人會變成腳步沉重的大型犬，有些人則是變成活潑亂跑的小型犬，可見催眠術只是引出當事人能夠想像的情報而已。

「鬼壓床」機制解說

「身體束縛」是相當有趣的現象。

人極度興奮或者極度放鬆會進入暗示狀態。換句話說，睡著、睡糊塗也可說是某種程度的催眠狀態。睡覺做夢的狀態也是如此，睡夢中出現朋友、殭屍，僅是因為當事者有著相關記憶而已。

而**「身體束縛」的狀態是指，在半睡半醒之間發生的肌肉僵直，亦即陷入「身體變得硬梆梆動不了」的暗示狀態。**

為什麼會引發這樣的狀態呢？這是因為大家都知道「鬼壓床」這有名的現象。

一般認知的定義是「半夜醒來，身體整個完全動不了」，聽過這件事的人在半夜醒來，「我好像被鬼壓床了。」於是自己暗示自己。

為什麼只有身體束縛的現象，「我昨天被鬼壓床了！」能融入日常會話當中，廣為一般人所知呢？這真是個未知的謎。

這或許是因為，「身體無法動彈的狀態」是人在睡眠與覺醒之間一定會出現的生理反應。

重要的是，「身體動不了後，聽到誦經聲，撇見祖母站在床頭旁邊。」還出現如此具體的證言。

若將身體束縛理解為一種暗示，那麼**誦經聲就是幻聽現象、祖母是幻覺現象**。想要進入深層睡眠、深度恍惚狀態，如同前面提到的，關鍵在於現象的連續性。

那麼，這邊試著用此觀點來探討身體束縛吧。

首先，身體陷入無法動彈的狀態。自己感到驚訝害怕，結果加深自身的恍惚狀態。**愈是認為「動不了」，愈會形成自我暗示，引發嚴重的肌肉僵直，變成「全身無法動彈」的狀況。**

催眠師引發「手指黏在一起」的催眠之後，趁對方感到驚訝，緊接著說：「你現在覺得全身僵硬！」有時對方的身體會真的變僵硬無法動彈。

換句話說，身體束縛的原理，**與利用生理現象誘導進入深度催眠的催眠術相同。**

外國人被鬼壓床，不會聽到「誦經聲」

反覆數次暗示後產生幻聽，對此感到驚訝而深化恍惚狀態，進而看見幻覺，其中比較有趣的地方是「誦經聲」的部分。

當然，外國人無法理解誦經的內容。不如說，腦中本來就沒有「佛經」的概念，所以不會聽到誦經聲。

以前，某位腦外科醫生說：「真的有死後的世界。我親眼看到了。」當時蔚為話題，我對此感到興趣，但聽他說：「我浮在雲端上，聽見了聖歌。」我便大失所望。

如果真的有死後的世界，我認為不應該出現個人的宗教觀。就結果來說，**那位醫生只是重現腦中的記憶，仍舊停留在暗示、催眠的範疇。**

其實，關於「鬼壓床」現象中「無法動彈」的狀態，可用「睡眠麻痺（sleep paralysis）」來說明。

生理學上，「睡著時身體僵直」屬於身體的生理反應，但若當事人對此異常感到驚訝，就會進入恍惚狀態，而後續產生的幻聽、幻覺可理解為一種催眠現象。

據說，外國人僵直後多是看見「惡魔」。另外，自稱被ＵＦＯ綁架過的人，大多都曾經有過鬼壓床經驗。以暗示的角度來想，會覺得「原來如此」吧。

這邊再重申一次，關鍵在於**「因為本人有所認知，才能夠引發現象」**，而「鬼壓床廣為一般大眾所認知」。在歐美，儘管大部分的人對「ＵＦＯ會綁架人類進行各種手術實驗」抱持懷疑的態度，但「好像有這回事」仍舊受到一般人所認知。

就這點來說，只要人們對於「催眠術」一詞，存有的印象是「好像有些人會被催眠，有些人不會」、「聽說單純的傻瓜才會被催眠」。那麼提問「你認為自己會被催眠嗎？」的效果甚至贏不了「你認為鬼壓床真的存在嗎？」

說來可悲，只要前提不離催眠術，就難以引發催眠現象。

「催眠術應當被毀滅」的兩大本意

「催眠師應當被毀滅」、「根絕催眠術一詞」等等，雖然我不斷這樣訴說，但我真正想要表達的是，**「應該停止催眠秀的現有形式」**、**「不需要用到催眠術這樣的說法」**。

拘泥於催眠術的形式，最後肯定會碰到困難。

「他真的被我催眠了嗎？不會只是配合演出裝出來的吧？」不禁開始懷疑自己。

手掌張不開、無法從椅子上站起來等等，若有過親身經歷那還好，但許多人是不曾體驗過催眠術，初次想要嘗試被催眠的感覺。

所以，遇到這樣的人，無論施術者怎麼說「張不開」、「站不起來」，催眠最後加上「沒錯……」內心仍會感到不安：「他真的被我催眠了嗎？」

更不用說引起「看見幻覺」、「妳最喜歡的偶像就在眼前。妳會把我看做某某偶像」等超自然現象，即便對方欣喜萬分要求握手，仍不由得想：「他是在逢場作戲吧。」

如果只是當作一場表演，完全不用在意這個部分。因為即便對方只是上道識趣，做做樣子，在觀眾眼裡是真的引起催眠現象，所以完全沒有任何問題。

試想這種情況。在居酒屋稍微向朋友施展催眠術，成功後滔滔不絕、得意炫耀：「誰都會中我的催眠。」朋友可能訕笑：「其實，我剛才沒有被催眠。」內心不禁會感到不安吧？

老實說，沒有方法可以辨別對方是真的被催眠還是裝出來的。因為每個人被催眠後的特徵不一定相同，比如催眠術教材寫「瞳孔放大，就是中了催眠術」、「被催眠的人，會不自覺抖腳」（這些僅為舉例），但即便不是這樣的狀態，還是很多人真的被催眠。

催眠術這種東西，不可能設立明確的標準。

舉證之所在，敗訴之所在

「所有權的證明責任在於當事者，由於無法或難以提示無限追溯的繼承取得之情形，視為敗訴。」

這是著名的「惡魔的證明」，也就是「舉證之所在，敗訴之所在」。簡單講就是**「我們難以證明不存在的事物」**。

其實，世上各種超自然現象、超能力者，甚或氣功師、魔術師的說詞，都與「惡魔的證明」脫離不了關係。

反過來說，**證明「存在的事物」就非常簡單**。

假設氣功師對十人伸手發功，運氣讓他們的身體「發熱」，只要其中一人說：「我感覺到真氣。」就能證明「氣功存在」，即便沒有感覺到氣的人表示：「我什麼都沒有感覺到。」氣功師可以反駁：「那麼，你要怎麼解釋感覺到氣的人？」

表演湯匙彎曲，說：「這是利用宇宙之力。我是全人類中被宇宙神選出來的人。」只要湯匙彎曲的事實存在，就沒有人能推翻宇宙神的存在以及我的主張。如果有心人藉此建立大型宗教團體，卻被拆穿「湯匙彎曲只是把戲。這本書有寫怎麼做到，方法完全一模一樣。」其他信徒不會相信，反而會提出經驗談「不對，我看到的是不同的彎曲方法」、「或許湯匙彎曲是一種把戲，但我真的感受到身體被聖光包覆。」等等，即使那些經驗完全沒有事實根據——

神秘宗教的盲目信仰，主要就是靠著反覆提示「惡魔的證明」而建立。

魔術師說中觀眾抽出的紙牌，並說：「我能夠讀取你的內心。」這代表，只要「說中紙牌」這個事實存在，就沒有辦法證明「無法讀心」。換句話說，想要營造某樣特別的存在，只要「先說先贏」就行了。

以前，我的熟人表示：「前陣子在那邊的神秘研究社，我成功召喚UFO。」「前幾天真的跟外星人通信了。」

雖然少有人當真，但還是有一些人相信。

「真的嗎？我得好好尊敬你一番。」甚至有人這樣說。

當然，那間神秘研究社數年後就被踢爆是惡作劇，但他表示：「那是為了防止社會混亂，國家才謊稱是惡作劇。」

大家也認為荒唐至極、異想天開吧。

然而，在電視的特別節目上，遇到ＵＦＯ信徒發表意見時，你可以試著回想「惡魔的證明」再聽信徒的說法，你會發現雖然說得天花亂墜，但同樣是「先說先贏」的情形。

「國家想要當作機密」、「有能作為證據的文件」等等，沒有人能全盤否定這樣的說法，即便國家正式出面否定，信徒也可說：「官員被宇宙人控制了。」

「雪佛氏鐘擺」與靈能者的機制

「雪佛氏鐘擺（Chevreul's pendulum）」是指左右晃動的**擺錘**。

想成用長細線綁上中間有洞的五圓日幣，「啊！是催眠時常用的道具嘛。」相信馬上就能浮現畫面。

實際上，催眠師在眼前邊晃動擺錘邊說「你漸漸陷入沉睡」，現在已經看不到這樣的光景。實際分析這項行為，大概只是眼睛追擺錘追累了，漸漸想闔眼休息而已。

若真要說，在眼前點燃打火機，「注視著火焰，你的眼皮漸漸變沉。」**持續注視一點讓意識集中的「凝視法」**，反而是比較常見用以深化恍惚狀態的方法。

如同觀看電影等，畫面不斷左右晃動會讓人分心無法感動，讓對方凝視一點，是基本的催眠導入法。

然而，使用五圓日幣在眼前晃動，卻是做完全相反的事情。

實際上，雪佛氏鐘擺大多是讓受術者拿著擺錘，再說：「請想像擺錘左右晃動。」結果擺錘真的擺動起來。這是自己沒有自覺的肌肉運動，在催眠學上稱為**觀念運動（念動反應，ideomotion）**，只需在腦中想像，物體就會自然動起來。

人類的身體會像這樣做出微妙的反應，但因為是**無意識的運動**，自己也會覺得不可思議。當然，你現在只要將五圓日幣綁上細線，馬上能體驗這般神奇的現象。

同樣的道理，把水晶石連接鏈子在地圖上左右晃動，說出「失蹤的人在這裡」的靈能力者，其實是自己無意識地認為「大概在這裡」，水晶才會晃到那個位置。

鐘擺運動，簡單講就是「國外的錢仙」，因為心想「希望情況是這樣」，錢幣才真的自己動起來。其實，催眠術與錢仙有很深的淵源，歐洲以前還有流行過桌子旋轉（Table Turning）、通靈板（Ouija Board）等占卜……但這邊就不多談。

如同上述，表現方法各有不同，但基本上都是無意識地引起不可思議的運動，再宣稱「成功降靈」、「神明附體」，大家要知道曾經流行這樣的占卜方式。

總而言之，**若你認為「會動起來」，真的會產生沒有自覺的肌肉運動**；若你認為「不會動起來」，就不會發生這樣的現象。

這就是催眠的本質，自認為「會被催眠」的人，才會發生催眠現象。

讀者可以找幾個人試驗，讓他們拿著綁上細線的五圓日幣，接著說：「拿著就會左右動起來喔。」此時，應該會有人的硬幣完全沒有動靜：「根本不會動啊。」但有人的硬幣卻擺動得很恐怖。

專業與業餘的差異

對擁有許多機會教導他人魔術的我而言，魔術的高明與否跟手是否靈活沒有關係。業餘人士當中有人的技法媲美世界級魔術師；專業人士當中也有人的手法令人不敢恭維。

長年接觸形形色色的魔術師，我發現專業與業餘之間有著決定性的差異。

那就是**「是否打從心底相信自己」**。

兩者的差異只有這一點而已。

「紅心A有著神奇的力量，打一個響指，紅心A就會自己飛出來。」魔術師的第一句話能否讓魔術聽起來神奇又具真實性，就知道這場表演秀有沒有看頭。

真心相信「紅心A有著神奇的力量」的魔術師所說出來的語調，與僅是照本宣科念出來的語氣，帶給觀眾的真實感截然不同。

在催眠術上也是同樣的情況。

為什麼明明很可疑的宗教勸誘，卻還是有那麼多人盲目追隨？試著想想這個問題。這是因為勸誘一方真心相信「只要跟隨我們，你就能獲得幸福。」

即便魔術背後有著如何「給予夢想」、「帶來歡笑」等正面課題，但其根本行動還是「欺騙」、「說謊」。

這邊絕對不是要否定魔術師這項職業，而是說關鍵在於行為與對該行為的意識。

「打完響指，客人做過記號的紙牌就跑到最上面。」這麼說的同時，卻對「打個響指就會跑到最上面根本是騙人」的行為湧起罪惡感，那就會淪為極其無聊的表演、魔術現象。

「打個響指而已，紙牌怎麼可能像魔法般跑到最上面。」只要心中稍微閃現這樣的想法，那位魔術師仍舊是業餘人士。

完美的說謊要先騙過自己

與此相近的觀點有，原為冒牌靈媒師M・拉瑪爾・基恩（M. Lamar. Keene）在自白書《心靈黑手黨（The Psychic Mafia）》中，將靈媒師分為**「清醒類型」**與**「昏睡類型」**兩類。

「昏睡類型」是指，真的感受到來自靈界波動「Vibrations」的人；「清醒類型」是指，知道並承認自己是詐欺師的人。

他指出，開始從事耍詐買賣，需要定位自己是「昏睡類型」還是「清醒類型」。

魔術師必須是「清醒但昏睡的類型」。拉瑪爾・基恩先生最後把自己和同行的夥伴定位為「唯我獨醒的類型」，這是基於「雖然是在欺騙他人，但我們是在推廣心靈主義」的想法，認為自己不是存心惡意欺騙他人。

魔術師有著「取悅客人」的正當理由，照理來說應該能讓自己轉為昏睡類型。如此一來，才能展現專業人士的「真心欺騙」。

換句話說，**不論有沒有惡意，想要欺騙他人得先有正當理由**。

請讀者想像一下。

你的朋友被遮住眼睛，站在距離懸崖數公尺前等候你的指示。你要做的是讓這位朋友摔落懸崖（雖然有點異想天開，但還請讀者想像一下）。

朋友再前進三步就會摔落懸崖，你說：「你再前進三步，就安全了。」如果此時內心閃過念頭：「雖然說是工作，但還是覺得對不起他。」語氣中就會顯現**「罪惡感」**。

而朋友把自己的行動託付給你，因此能敏感察覺到你語氣中的「罪惡感」。

「這個人只有摔落懸崖，才能獲得真正的解脫。」如何讓自己如此相信來消去罪惡感，是能不能完美說謊的關鍵點。

套用這個觀點，擁有良知的世俗懷疑論者，需有天才般的自我暗示能力，才能為私利私慾謊稱「我是神明的使者」，拉攏信徒建立巨大組織。

如果無法在欺騙他人之前先騙過自己，那就不可能完美騙過他人。

當然，對「昏睡類型」的人來說，即便不用這樣欺騙自己，內心也早就這麼認為，所以說出來的說服力可是深不可測。

然而，魔術師得在了解手法、把戲的前提下，成為「昏睡類型」。專業的魔術師果必須具備天才般的自我暗示能力。

完全推卸責任的說話技巧

稍微接觸魔術之後，會學到宛若超能力般的技巧**「魔術師選擇」**。此技巧是表演者如同預期演出，卻讓觀眾覺得是以自己的意志選擇。

假設你手邊有紅色紙牌與藍色紙牌，想要讓對方選擇紅色時，說：「紅色和藍色，請選擇一種顏色。」

如果對方選擇紅色，「你選了紅色。」繼續表演下去；如果對方選擇藍色，「那麼，我也選擇藍色吧。難得有機會一起上台遊戲，你不如選紅色吧。」運用言語上的詭計，讓演出如同預期進行或者得到相同的結局。

或許有人會說：「我早就知道有這樣的技巧」、「什麼嘛，是這回事啊。我才不會被這樣的詭計給騙了」。這樣想的人，多半認為這是「讓對方選擇」的話術。

然而，使用這項技巧的時候，比起注重讓對方選擇，更應該重視在對方選擇後，**「強調這是對方自己的選擇」**。

魔術師在公開「說中結果」之前，得先問：「為什麼選擇紅色呢？」客人回答：「嗯……憑感覺選的。」然後，魔術師說「請將紅色紙牌翻到正面」並邊提示一致的答案，這樣對方就會認為「怎麼會這樣，明明是我自己選擇的。」

這邊的重點是，藉由詢問：**「為什麼選擇這個？」**誘導對方認為「這是自己的選擇。」

人的記憶相當曖昧含糊，即便使出各種手段誘導選擇，只要一問：「為什麼選擇這個？」對方就會擅自解釋：「這是我自己的選擇。」

「為什麼選擇這個？」雖然聽起來像是問句，但其實是狡猾的間接暗示。

「為什麼會和我交往呢？」「您是從哪邊得知本店的？」

只需要投出類似的質問，就能讓人覺得「這是自己的選擇」，說得難聽一點，這其實是在「推卸責任」。

「為什麼會和我交往呢？」「總覺得我們好像合得來。」

若是在魔術表演，「這是你自己的選擇，但結果被我說中。很神奇吧？」只是娛樂性質而已，無傷大雅，但同樣的做法換到社會上，「這是你自己選擇的，我不用負任何責任。」卻變成聽起來好像理所當然，其實極其狡詐的說法。

即便你的意志受到魔術師的選擇而扭曲，你仍然會相信這是自己的意志。

與時俱進的「不明生物」

被多數人目擊卻消失蹤跡的**人面犬**，不再現身都會城市的**裂嘴女**，其他還有**尼斯湖水怪**、**天竿魚**（Skyfish）……

過去人們口口聲聲「我絕對沒有看錯」的「不明生物」，現在幾乎全都遭到世人遺忘。

只要有一台智慧手機，任何人都能製作合成照片、影片，少有人再相信**靈異照片**（雖然我個人相信真的有靈異照片……）。

就某種意義來說，**超能力少年**也是隨著時代誕生、漸漸遭到人們遺忘的存在。

十九世紀大量存在**「降靈術召喚出來的吹喇叭幽靈」**，現在卻連一點影子都沒有。

隨著智慧手機等科學日新月異，超能力現象逐漸消逝蹤影。

拍立得相機淪為收藏品，數位相機無法做到的念寫能力，現在也已經不復存。

然而，人們還是繼續探求「未知事物」。現在仍有來自全日本的客人，光臨我開的咖啡店，只為了詢問：「催眠術真的存在嗎？」

不論是詐騙、騙人伎倆還是魔術現象，都得隨著時代演進，維持未知的狀態才行。

很久以前，手機簡訊會收到「我是〇〇小姐。如果方便，點擊這個網址回個簡訊給我。」如果真的點擊連結，可能會被索求大筆金額；再回到更早之前，信箱甚至會收到實體信件，寫著「恭喜您中獎……」。

在昭和時代（一九二六～一九八八年間），據說攤販會販售「三十日圓吃一個月（ひとつき）的方法」的小冊子，結果花錢買來翻開，裡頭卻寫說「去吃涼粉，花三十日圓推一下（ひとつき）就能吃到。」❹

即便是現在認為「傻到不行」的詭計，當時還是有人受騙上當。

你沒有辦法保證現在自己所相信的「未知事物」、近似超自然現象的「心理學」，數十年後不會被說是「傻到不行」。

「催眠術是控制潛意識」的謬誤

「人的心理有兩個部分，一部分是意識，另一部分是無意識。」心理學權威西格蒙德・佛洛伊德（Sigmund Freud）提出了這樣的觀點。

也就是所謂的**顯意識**與**潛意識**。

雖然本書前面多次提到「潛在的」，但實際上並未清楚解釋潛意識。

「我們認識到的意識（顯意識）僅為海面上的冰山一角，隱藏於海面下的無意識（潛意識）才是其巨大的本體。」佛洛伊德說道。

我認為其關鍵在於「觀看的意識」。催眠教室、催眠術教材肯定都會提到「冰山一角」，解釋「催眠術是利用無意識狀態，也就是控制潛意識的技術。」

然而，**催眠術、暗示必須在本人「意識」的情況下，才會發生相應的效果。**

假設手邊有一瓶無酒精啤酒，將瓶外的標籤換成普通啤酒的包裝，讓受試者飲用，結果他真的喝醉。

而催眠術的做法，正是把無酒精啤酒放到對方眼前，不斷在耳邊低語：「想像眼前這瓶是含有酒精的普通啤酒，喝下去你會醉醺醺。」

這就是為何我認為「催眠術應當被毀滅」，如果真的想要引起「喝下無酒精啤酒喝醉」的現象，更換外包裝的標籤更為實在。

像這樣仰賴對方的想像力，「想像……」的「催眠術」行為，暗示有時會成

---

❹涼粉是用一長塊寒天推壓出來的細麵條。ひとつき同時雙關一個月和推一下的意思。

功，有時會不成功。

另外，這個「喝下無酒精啤酒喝醉」並非無意識的現象。

這是喚起飲用啤酒的「意識」。

面對眾人感到緊張不是「無意識」的反應，而是「面對眾人」的意識讓你整個人盜汗、心悸。而催眠師要做的事情就是，誘導對方「想像你現在正面對眾人。」

如同上述，讓對方產生意識，就能引發現象，催眠術是**「控制潛意識」這種說法，只是為了聽起來煞有其事、帥氣**。

我在本書描述的「潛在的」，絕對不是指「無意識」的情況。

而是指「儘管自己產生意識，但精神上不願意直接承認」的情況，或者「尋找別的理由，解釋該狀況不是自己的意圖」。

「非語言暗示」的異常人氣

讀完前面的解說之後，相信大家都理解，**催眠、暗示跟非科學的要素不相關**。

然而，學習催眠術的同時，也會觸及氣功、靈異等非科學的要素。

「你內心中的神明……」「前世的罪業……」催眠教室好壞參半，甚至還有心靈狼師想以打開脈輪❺為名義騙色（雖然我不曉得打開脈輪是什麼樣的行為），噱頭無奇不有。

較具代表性的例子有「非語言暗示」，如同字面上的意思，**「不使用語言，成功暗示對方」**。這是非常不真實的現象，但部分「催眠愛好者」對此趨之若鶩，只要催眠教室不斷高唱非語言暗示的名號，打出「終極！非語言暗示」的噱頭，就能吸引眾多狂熱份子上門。

❺印度瑜伽觀念中，分布人體各部位的能量中樞。

內心會想靠「學習催眠術來左右他人」，這樣的人，本身就缺乏一般交流對話的能力，即便面對喜歡的女孩，大多也不敢開口：「我能催眠妳嗎？」況且，自己在被催眠的狀況下，壓根兒不會想靠催眠術來讓異性喜歡上自己。

能不使用語言施展催眠術，讓對方在不知不覺中如自己所願行動——。作為如此方便的催眠術，「非語言暗示」被視為重寶。

想要仰賴非語言暗示的人，大多已經陷於「想抓住最後一根稻草」的狀態，所以即便老師信口胡謅：「只要輸出真氣，對方就會有反應。」「只要讓意識同調，就能如你所願。」學徒也會信以為真「可能真的會這樣。不對，是一定會這樣」，**深陷其中而不自知**。

其實，我也曾經接過好幾通電話，「有辦法不表明是催眠術，成功催眠對方嗎？」

甚至還有人提到**「遠距催眠」**、**「遠距氣功」**等意義不明的用語，說：「幾點幾分我會在家做最好準備，請你送暗示過來。」盲信到這種程度，我也只能攤手投降。恐怖的是，在網路搜尋一下「遠距氣功」，竟然跑出「四十分鐘五千日圓」的費用明細。真是令人不勝唏噓。

別讓催眠術成為心靈沉迷的藉口

單就「非語言暗示」來說，是有可能做到的。

當然，這並非指氣功、潛意識等眼睛看不見的東西，催眠是讓對方產生意識的行為。

前面的「換掉無酒精啤酒的外包裝，讓對方以為是普通啤酒，他就會喝醉」，就是一種非語言暗示。

其實，你只要面帶微笑看著對方，對方同樣會回以笑容，根本不必用語言強迫「請你面帶微笑」（如果你面帶微笑看著對方，但對方卻回瞪著你，可能是身上有什麼致命性的缺陷吧）。

看到別人打哈欠「也跟著打哈欠」、跟著他人一起笑、陪著他人一起哭；看到你這邊使勁全力，對方也會不遺餘力跟你競爭，這些都屬於非語言暗示。而不是意識共有、氣功連結等可疑的說法。

遠距氣功，必須本人產生「幾點幾分會送真氣過來」的意識，才會真的湊效。若是利用者頑固表示：「我能感受到遠距氣功。相信我！」準備二十四小時待機，那我只想問：「你會在幾點幾分感受到？」

我本來就不推薦在暗示前，宣示「我是催眠師，現在要催眠你」的行為。**只要讓對方產生意識，就算是暗示**。授課中，直直盯著異性的臉龐，對方會想說：「他該不會喜歡我吧？」這就是一種暗示。

若有催眠師持相反的意見，「真的有非語言暗示存在。別聽Bridie在那隨便說亂說。」那就請不要只對自己身邊的人或者學徒這麼宣揚，隨時歡迎你對我施展非語言暗示。

然而，他是絕對不會來挑戰。

我真的想看看他用非語言暗示，讓人無法從椅子上站起來。不是僅在電車中，凝視坐在自己前面打盹的男子，不明所以地說「我暗示他打瞌睡」，而是希望他能夠確實驗證暗示的方法。

我再重申一次，他是絕對不會來的。

接下來，我想用更宏觀的框架追溯催眠術這個詞，探討催眠術究竟是怎麼一回事，並以「催眠術可說是無所不在，但也可說在哪裡都不存在」的觀點，改變世人對催眠術的認知。

怎麼可以因為催眠術本身給人陰沈的印象，就一群陰沉的人聚在一起互道「催眠成功」，應當自覺這樣的行為很不健全。

這並不僅限於催眠術，牽扯到「想要控制他人」等陰險思想的偽心理學、心靈教室，我認為都應該要徹底驅逐。

如果真的能無視意志控制對方，根本就不需要特地招募學員。

獻給「想要體驗瞬間催眠！」的人

繼非語言暗示、遠距催眠、遠距氣功，另一個受到歡迎的是**「瞬間催眠」**。

過去，我曾在影片網站上傳演技影片，只需多打上「瞬間催眠」的關鍵字，點擊數就立即暴增。

老實說，沒有其他比瞬間催眠，看起來更像是催眠術的演出了。兩人握手，催眠師稍微拉一下，對方就虛脫無力地倒地。

這究竟是什麼樣的現象呢？

如果拉手一下就被催眠，「跟我來一下！」每當被男朋友稍微拉手，女朋友就無力倒地，約會要怎麼繼續下去。

就算是熟練的催眠師，隨便拉起路人的手，還是有可能遭到報警。不過，網路上真的有幾部突然拉住路人的手，路人就無力地倒下的影片。

如同前述，**暗示得讓對方產生意識才會湊效**。

換句話說，路人必須先意識到「對方打算催眠我」，才會發生催眠現象。

比如，路人知道對方是上過電視的知名催眠師，就會意識「這個人是催眠師。我的手被拉到了，我肯定會被催眠。」

其他簡單的做法還有，**拿出寫有「催眠師」職稱的名片**。有些人在看到名片後，被敲擊手背便突然昏倒過去（這並不代表我認同「催眠師」這個職稱）。

會說「有些人」是因為，對方必須先意識「我中了被催眠師敲擊手背，就會突然昏倒的的催眠術」。

要先有「催眠術就是這樣」的認知才會湊效。催眠師的英文是Hypnotist，如果對方不清楚「催眠師是做什麼的？」不會真的昏倒。

另一個方法是，**事前布局「瞬間催眠」**的暗示。引發數起催眠現象，讓對方產生意識，再給予暗示：「聽到響指後，你會全身無力。」也就是所謂的**「後催眠」**、**「後暗示」**。只要受術者抱有這樣的意識，每次聽到響指都會無力倒下。雖然瞬間催眠看起來像魔法一樣，但仍舊是對方有意識下所引起的現象。

「你聽到響指後會全身無力，聽到鈴聲後會跳起來，被敲擊手背後會開始唱歌，和我對上眼後會笑個不停。」

即便進入深層的催眠狀態、恍惚狀態，一次接收到這麼多的暗示，受試者聽到響指會疑惑「到底要做什麼反應」。這也證明了暗示不是利用潛意識、無意識，而是有意識地理解暗示所引起的現象。

催眠術可以消除記憶嗎？

認為催眠術是方便魔術的人，接著會問：「催眠術可以消除記憶嗎？」

他們的想法是，利用催眠術如自己所願地操控對方，但害怕對方清醒後進行報復，或者控訴自己為非作歹，所以得另外施加暗示，消除催眠過程的所有記憶。這真的是如意算盤。

前面提過好幾次，催眠術是在「對方有意識」下，才能夠引發的現象。**若是不記得自己被暗示，就等同於「沒有意識」**。

譬如你施展催眠術，讓對方上前抱住異性，接著暗示：「你被催眠想要抱住他人和真的抱住異性的事情，全部都忘得一乾二淨。」

之後，受術者發生催眠現象，產生「忘記自己抱過他人」的意識，發揮暗示的效果……

但是，這樣不是很奇怪嗎？

因為若是意識了「忘記自己抱過他人」、「上前抱住」等暗示單詞，就不會忘記「抱過他人」的事實，陷入兩相矛盾的情況。

暗示是本人的利害衡量，判斷對自己是好是壞，才決定該不該接受催眠現象。只有當受術者本身有某種程度上的需求，認為這樣做也沒有關係，暗示才會湊效。

忘不忘記，要看對自己來說是有利還是有害。這就像是藕斷絲連的男女關係，若是「真心想要忘記對方」、「認為忘記是為自己好」，就會「完全不再去想這段關係」。

這就是忘卻的現象。

催眠術無法隨意玩弄大腦來消去記憶。

催眠專家的迷思

長年接觸魔術，會進入「魔術迷」的境界。不在魔術酒吧或咖啡店以客人為表演對象，而是利用週末與其他愛好家互相分享獨創的技術、手法機關，形成彼此批評指教的關係。

催眠術有相同的情形，報名催眠教室，會結交到許多催眠愛好家的朋友，相互切磋琢磨，觀看珍貴古老的催眠影片，研究催眠術的技法。

進入這樣的領域之後，**「自己心中的常識」**恐怕會被重新改寫。

第一次觀賞魔術表演時，魔術師說中自己抽出的紙牌，我當時覺得：「好厲害！我想要知道是怎麼做到的！我想學魔術！」但幾年之後，卻認為：「說中是理所當然的。」

下面是某位魔術愛好家的演出情況。

「那麼，我接著來猜觀眾抽出的紙牌。首先，先正反面混在一起洗牌，然後把紙牌排開來……全部一致變成背面，只有觀眾抽出的紙牌為正面。」魔術師接著說：「到這邊為止是理所當然的現象，不過，當把紙牌全部翻向正面，所有的花色都按照數字大小排列！」

看到這裡，我整個人無言以對。

正反面混在一起洗牌的紙牌，怎麼可能理所當然一致變成背面。不過，他會這麼覺得，大概是因為每天都接觸魔術，才會產生**「這現象是理所當然」**的感覺。

長年不斷表演、鑽研催眠術，表演一個把觀眾的手「變得僵直張不開」是理所當然的事，不再覺得有什麼了不起。

有些術師甚至表示，自己已經不覺得讓別人手掌張不開有什麼神奇了。

魔術、催眠術基本上是**對「什麼都不知道的一般觀眾」進行演出**，所以愛好者反而更容易感到麻痺。

「精神控制狂」也可說是同樣的情況。

翻閱各種「心理學」、「操縱人心」的相關書籍，參加各種講座，結識了許多相同愛好的朋友，**最後反而忽略應當操縱的對象是「什麼都不知道的他人」**。

雙重束縛（double bind）、鏡像效應、冷讀術、Yes Set 語法……等，過程中能接觸各種深具魅力且看似容易實踐（實際上不好做到）的心理技巧。

但是，接收這些並產生各種感受的對象，是什麼都不知道的陌生一般人，而非志同道合的朋友。

「請我吃壽司或天婦羅。」流口水之前，得先設想對方突然被要求「請客」，內心會產生什麼想法。

獲得愈多該方面的知識，最後會成為該領域的專家，但一般人觀賞畢卡索的畫作，不難想像其內心會覺得「不懂是要表達什麼」、「我也能畫出類似的畫」。

了解畢卡索的生平、作畫時的時代背景、家庭環境以及各種知識，才能真正了解畫作的深度。然而，許多人在明白之後，便得意說：「你不了解這幅畫好在哪裡嗎？」

如果你自己擁有專業的技術、知識，而展覽的對象是沒有繪畫知識的一般大眾，作畫時考慮一般大眾看到寫實的、肉感的圖像時會湧現什麼樣的想法，才能獲得好的評價與結果。

「讀心術」也是同樣的情形。

翻閱各種書籍，「鏡像效果是指採取相同動作會讓對方潛在地產生親近感」比起熟知各種定義，「就算對方模仿我的動作，我也不會有任何感覺吧」這樣的**一般評價更為重要**，且更接近真實。

超能力者是這樣誕生的

回顧近代的歷史，可發現許多超能力者、超越人類睿智的異能者。

在日本較有名的例子有明治時期的超能力者**御船千鶴子**。她在二十二歲時，說中丈夫錢包裡不見的五十圓日幣在佛龕的抽屜中。

接著，在老家，受到姐夫清原猛熊催眠「妳具有透視能力」，展現出驚人的成果。

她承接公司的委託來到福岡縣，利用透視能力發現了萬田碳礦，獲得謝禮兩萬日圓（價值約相當於現在的兩千萬日圓）。

據說，她還正確指出蟲子在樹皮下的位置、幫忙找到遺失在海中的戒指。更令人驚訝的是，清原還試著讓千鶴子透視人體診斷疾病，把手懸於頭上進行治療。

電影《七夜怪談》中有名的貞子，是以山村貞子作為原型，兩人的共通點是**「通過大學教授驗證的超能力者」**。

御船千鶴子受到京都帝國大學醫科大學的今村新吉教授（醫學），與東京帝國大學文科大學的福來友吉助教授（心理學），兩位東大、京大權威教授的驗證，這使她的超能力者名聲更為響亮。

如果千鶴子的超能力真的，大學教授的驗證應該會出現驚人的結果吧（萬一超能力是真的）。

不過就我來看，當時進行透視信封中的內容、透視鉛管中的名片等實驗，仍舊不離**魔術的範疇**。

然而，看見透視結果的大學教授，卻篤定：「這是超能力。」

教授會這麼說，我想只有一個原因：

「因為心理學、醫學的專家並不精通魔術。」

雖然是理所當然的事情，但不管在哪個時代，會把魔術認定為「超能力」的人，都是大學教授、醫生等科學或者醫學上的專業人士。

尤里・蓋勒（Uri Geller）也是同樣的情況，但**因為他們精通的是科學、醫學，所以才將超過這些範疇的現象，以「現代科學無法解釋」等常見說詞，說成「超能力」**。

接著，只要再大肆宣揚「某位大學教授認定的超能力」、「某位科學家無法解釋的力量」，沒多久社會上就會誕生超能力者。

高知識份子為什麼反而容易被騙

真正精通魔術的專家是魔術師，絕對不是大學教授。

我經營的咖啡店鄰近大學校園，那邊的大學生、大學教授明顯沒辦法解釋所有的魔術現象（不如說他們完全不能理解。不過對我來說卻是理所當然的事情……）。

魔術的性質上，從「飄散在空中的分子，進到箱子重新組成紙牌」到「我透視了你的內心、大腦」、「從身體上的小動作，我能說中你抽出的紙牌」等等，**都是經過虛偽表現包裝，所以科學的視點容易關注這邊，而忽略藏於背後的真正機關**，可以說愈是精通科學學問的人，反而愈容易被騙。

不過，這樣的情形在其他專業領域也一樣。

對於**「如果不夠精通，容易受騙上當」**的根本部分，我們可逆其道而行，遵循「不輕信自己不懂皮毛的領域」、「若想要相信，至少要有該領域最低程度的專業知識」，作為保護自己的防衛手段。

「這種滅火器的成分添加了○○新素材，能比一般滅火器更快速、更廣範圍撲滅火苗。」對於到府推銷員的說詞，一般人容易輕信：「是這樣啊。」「專家說的準沒錯。」明明壓根兒沒有用過原廠牌的滅火器、滅火劑，看到推銷員拿提示的實驗結果、圖表、比較圖像等資料，就囫圇吞棗不求甚解，即便新素材沒有太大的差別，只因相信「兩倍效果」的片面說詞，就覺得「原廠牌的效果只有一半」。

市面上，天天都可看到標示○○新成分配方的商品推出。但是，裡頭添加了什麼新成分？具有什麼樣的效果？一般人難以掌握這些問題，因此是不是真的有效都還只是未知數。

詐騙集團掌握「未知」的恐懼心態

雖說如此，但並非買各種東西都需要專業的知識，我自己也不是每天都在吸收各方面的知識。我們容易接受「大公司、大品牌說的準沒錯」的威光效應，建立信賴關係、投契關係。

形成投契關係就能無往不利，商業上也存在這樣的催眠思維。

需要警戒的是，「抱持惡意、明顯利用對方缺乏專業知識，而敲詐的騙徒」。退款詐騙、點擊詐騙❻等現代詐騙手法也是如此，騙徒會說出「您有一筆退

❻點擊付費網頁上的同意按鈕，出現「你已經完成入會，請支付會費」等字樣，要求高額付款的詐騙手法。

款，請小額轉帳至此帳戶」等等。即便沒有專業知識，只要認清「不可能有這種事情」，就足以保護自己。

一般平民百姓不具備公家機關的專業知識，「政府不會用轉帳來退款。」**只需要一點警覺心與常識就好。**

點擊網站廣告連結的瞬間，跳出「我們已取得你的住所地址、電話號碼。若未收到轉帳款項，不排除付諸法律行動。」低劣的詐騙手法如此猖獗，也顯示了「仍有一定的人數缺乏專業知識」的事實。

點擊連結後，對方頂多只知道你有點擊而已，沒有辦法獲取住所地址、電話號碼。

當我們誤信「請回覆電話」、「請回覆信件」等說法，對方才有辦法獲得你的電話號碼、電郵地址。

「點擊連結只能獲得ＩＰ地址，知道網路服務供應商與大致所在區域。」我知道的知識就這一點而已。

從「你的電腦有風險」擬似電腦系統的警告視窗，到網站要求安裝可疑軟體，「安裝？警告視窗？有這種的網站？」現在仍有人不了解這些，所以我只要輸入「↓請點擊這個網址確認」等，就能成功詐騙這些人。

大致上可說，**「詐騙是指，針對沒有任何相關知識的人，搬出一堆有利自身的虛假專業知識，藉以迷惑他人的作業。」**

靈能者的演出主要是展現心靈力量，需要在開場時含糊說明力量的來源。但是，對於自稱擁有心靈力量的謊言，靈能者在道德與良心上會有所抗拒，所以不會直接說「超能力」。

良心譴責帶出的模糊說法，會使靈能者更難獲得觀眾的共鳴與信賴感。

講得難聽一點就是：

「搬出不負責任的科學知識、超自然用語，迷惑低智商的觀眾。」

這項難題永遠跟著靈能者，但也只有靈能者自身才能解決其中的矛盾。

在觀眾面前展現真實的自己還是戴起面具，都只是演出者自身的個人問題。

——松田道弘《心靈魔術事典》

不論對方是超能力者、詐騙犯或是一般大眾人物，**不要輕信自己不熟悉的領**

域。然後，即便不精通也沒有關係，掌握最低限度的專業知識，是基本的防衛手段。

謊言要參雜真話最有效

表演完湯匙彎曲等超能力現象後，肯定會有人問：**「這是氣功嗎？」「這是超能力嗎？」**

若是純粹的魔術師（雖然純粹魔術師沒有明確的定義），「不是。這只是表演而已。」這樣答覆就沒事了。

不過，若想藉此炒熱氣氛，直接說：「這是魔術。」反而會讓觀眾大失所望，**「嗯……你說呢？」**才是最好的回答——

這是日本關西傳奇魔術師「穆罕默德・福岡」大師說過的話。

實際上，湯匙彎曲的原理是魔術還是其他科學，這邊不好揭曉答案，但市面上，真的有販售用形狀記憶合金製成的湯匙，也有用體溫就能融化的「鎵金屬」製成的湯匙（湯匙放入熱咖啡中會融化不見）。

即便觀眾常問的「那是魔術用的湯匙嗎？」真的是事實，自己的確使用「特製的湯匙」演出湯匙彎曲的現象，若被問到：「這是超能力嗎？」其實，沒有任何一位魔術師擁有堅毅的精神力，能篤定：「這是超能力。」（不過，這絕對是「讓觀眾看得盡興的表演秀」）。

說出的話全是謊言，一般人肯定會湧起罪惡感。

如同前面「清醒類型、昏睡類型」中所提到的，**只有自己打從心底相信（不論內容的真假），說出來的話才具有說服力**。

若是我遇到類似的狀況「使用特製的湯匙引發超能力現象」，我會在謊言中參雜真實。

「世上有許多方法能夠彎曲湯匙，比如氣功、超能力等等，雖然說法不太一樣，但其實是使用相同的力量。我現在要表演的，就是其中一種方法。」

大家覺得如何呢？

雖然這是我「信口胡謅」，但聽起來好像真有一回事吧（我認為魔術師所需要的技能，就是怎麼睜眼說瞎話）。

我自己對氣功師、超能力者抱持著懷疑的態度，認為他們大多是在耍詭計。所以，「氣功、超能力是詭計。我的魔術也是詭計的一種。」以在謊言中交織真實的形式，編織出**「雖然是在欺騙，但我沒有說謊」**的台詞。

一般來說，欺騙這個的行為就是「說謊」。

明明不是超能力者，卻要騙說是超能力者，只要謊稱「我是超能力者」就好，聽起來似乎很容易。但想要完美的說謊，其實相當困難。

自己本身都不相信，說出來的話一定哪邊有破綻，給人一種假假的感覺。

所以，為了減輕自身的罪惡感與壓力，**吐出來的話必須是「雖然是在騙人，但我是陳述事實」**。

這是最有效的「欺騙方式」。

前面是以魔術師為例子，但各位平時應該也有過類似經驗。

比如，和女同事兩人一起去喝酒，回到家被女朋友（或者妻子）追問：「你去哪裡了？」你應該很難若無其事地說：「沒去哪裡。」

這樣的場合，你不應該說「沒去哪裡」，而是說「和同事一起去喝酒」才對。這就是「雖然是在騙人，但我沒有說謊」的行為。

詐騙是一種專業

想要成功詐騙，技巧知道了，但真正成功關鍵在於個人膽量、資質與骨氣。說出口的謊言，會不斷遭受質疑。

回到湯匙彎曲的話題上，即便順利用謊言包覆了真實，也得做好覺悟觀眾會從各種方面追問。

「真的是超能力嗎？」「真的是用念力彎曲的嗎？」「難道不是魔術嗎？」

面對排山倒海的質問，如果只能支吾其詞，那打從一開始就不應該說謊。

「謊話說一千遍，就會變成真話。」

這是德國納粹黨約瑟夫・戈培爾（Joseph Goebbels）在政治宣傳時所講的名言。

當然，無論是不利於他人的詐騙行為，還是為了保護自身秘密的發言，亦或是湯匙彎曲的原理本身是魔術還是超能力，皆是如此。

本人有都覺得是謊言，必定會在哪邊露出馬腳，產生前後矛盾。照這樣推論，如果沒有**反覆某種自我暗示「我所說的是真理」的覺悟**，撒謊本人肯定會對說出的謊話感到後悔。

想要成為專業人士，謹記「不管被說什麼，都絕對不能動搖」。

詐騙就是見人說人話，見鬼說鬼話

對話交流時，人會自然地「看著對方」。

路上有時可看到小混混挑釁：「喂，你這傢伙看什麼看啊！」但若對方明顯是凶狠的暴力集團，就算被盯著瞧，小混混也不敢像這樣嗆聲。

做生意也是如此，如果店長看起來軟弱好欺負，有些上班族會吵鬧：「餐點要等多久！叫店長出來！」但若是在身強力壯的暴走族所經營的海外酒吧，客人就不敢如此大聲嚷嚷。

這樣的情況在魔術師身上尤為明顯，「等等，你的右手怪怪的喔，讓我看看。」若是遇到這樣的情況，對方肯定是認為「這位魔術師可以找碴」。

不論自身的理想多麼崇高，我們還是會「看人行事」，所以遇到有人說「我絕對無法允許這樣的事情」，別全然相信他口中的「絕對」。

即便是宣言自己「我就是這樣的人」，也會因不同的場合、情況而改變行動。

我們身邊有形形色色的人，但表現得高高在上的人，並非打從出生就「高傲自大」。

換個角度來想，「瞧不起你的人」亦即「他認為即便對你頤指氣使，對自己也不會有任何影響」。

說得極端一點，當你手中握有手槍，任何人都會乖乖聽你的話。

一個人的人際關係是由自己本身做決定的。

沒有一位詐騙犯會在知道對方是警察後，還繼續詐騙斂財；也沒有人在知道對方是拳擊手後，還想繼續逞兇鬥狠。

有人會偷走父母錢包裡的錢財，「即便露餡了，父母也會原諒自己」、「沒有父母會控訴自己的孩子」等等，他們是經過狡猾的計算才犯行。

雖然是理所當然的事情，但這樣說的話，想以什麼樣的立場跟周遭人相處，其實取決於自己。

這並不是要你採取「平時就在身上帶把手槍」的暴力手段，而是說你可以透過計算，構築自己想要的人際關係，如受到異性歡迎、受到他人尊敬等等。

如果魔術師表演時被觀眾「瞧不起」，有問題的是「被人瞧不起的魔術師」，而不是「瞧不起表演者的觀眾」。

「專家證實推薦」沒有用

雖不能以偏概全，但坊間心理學溝通技巧叢書，上頭常可見到「經○○學者實驗歸納，命名為○○理論。」不知名大學教授的推薦（本書「極力」避免類似的情況）。

對心理學、心靈術、操縱他人等關鍵字敏感的人，光是聽聞過去知名人物的名字，就會輕易信服：「原來如此。」這也可說是一種威光暗示吧。

我認為，**不論是心理技巧還是與人的溝通技巧，實踐才是至關重要**。

「當人這樣做時，傾向出現這樣的行動」等等，再怎麼翻閱書籍，像這樣以一概全的方式，到底是不可能掌握人類行動。即便將「催眠術的施展方法」的書籍背得滾瓜爛熟，也不可能百發百中讓每一個人都昏厥過去。

「坐於靠近心臟位置的左側，容易讓對方感到心跳加速，進而發展成愛戀關係。」即便再熟知這類「好像真有這回事」的準則，也未必事事如自己所願。

生活於熱帶叢林的少數民族說：「○○部族都是這樣啦。」還具有可信度；

「用手比手槍的姿勢，朝著關西人『碰！』一聲，對方就會配合地中彈倒下。」也多少有幾分事實。

總歸來說，心理學等溝通技巧，欠缺揭露人類卑鄙齷齪的部分，如慾望、差別意識等。

這些研究「人類有這樣的傾向」的人，是在自己的國家以自身周遭的人際關係為對象構築相關的實驗，卻打著日本人「溝通技巧」的名號，拿國際心理學家的實驗進行比較，這樣做根本沒參考價值（而且，出版這類書籍的人還是日本心理學家）。

每個人的生長環境、現實狀況不盡相同，如果真的想要操縱他人、掌握圓滑的溝通藝術，**就得具備分辨對方是什麼樣人物的判斷能力**。

然後，實際與他人接觸交流，經歷幾次惹他人生氣、受到他人喜歡，才能真正內化成自己的東西。

我幸運地接觸催眠術，獲得催眠師的稱號，而且每天可以催眠數十人、一年催眠數千人，還擁有表演魔術的咖啡店，所以我才能對催眠術有所了解，寫出這本書與各位讀者分享。

立即實踐催眠術的五個「催眠ＳＯＰ」

催眠術僅是建立投契關係上的主觀深信，不會有超乎想像的效果，也不是任誰都會被暗示……前面從各方面否定催眠術，但為了想要嘗試催眠他人的讀者，這邊準備了具有某種程度效果的催眠ＳＯＰ範文。

我想這些**比其他催眠教材來得容易實踐**，馬上就能自詡為「催眠師」（再重申一遍，我並不是要肯定應當被毀滅的「催眠師」稱號）。

首先，**受術者約三人**為佳。

如果只有一位受術者，且深信「我絕對不會被催眠」，那不會成功；如果有十幾位受術者，當某一人表示：「我沒有被催眠。」周遭就有可能被「被催眠會很丟臉」、「也是，哪有人會被催眠啊」的氛圍支配。

再來，**不太親近的對象**為佳，如當天在派對上認識的親近程度。至少，應該避免能直言不諱的好友，不要選擇親兄弟姐妹，催眠的成功率會大為提升。

這樣選擇是為了避免被受術者先入為主認為：「這傢伙哪可能會催眠術。」抱持「這間店不好吃」的成見走進拉麵店，不管師傅端出多麼美味的拉麵，也不會感覺好吃。

那麼，確保三位左右的受術者，再來就是第一句開場白。

◉催眠SOP①

引起注意的第一句開場範文，如下：

「之前，我有上過催眠術課程。」

關鍵在於不是說「我最近開始學習催眠術」，而是強調「上過催眠術課程」。

提示自己砸錢學習了某事物，能引起對方的興趣：「原來有這樣的課程啊。」

接著，對方通常都會像下面這樣回問（屢試不爽，各位試過就知道）。

「真的有催眠術嗎？」

「有人會被催眠、有人不會被催眠吧？」

重要的是，對方一定會拋出問句。

此時，你變成是提供資訊的一方，而對方是想要資訊的一方。

◉催眠SOP②

萬一對方堅稱「我有自信不被催眠」，請先直接跳過該人，催眠剩下的其他人。

當然，也有許多方法可以催眠這樣的人，繼續閱讀下去就會知道該怎麼應付。這邊僅是分享制式的催眠術。

「真的有催眠術嗎？」

「有人會被催眠、有人不會被催眠吧？」

面對這樣的質問，可以回答：

「催眠造成的身體束縛只是一種主觀深信而已。也就是說，想像力豐富、經常妄想的人比較容易被催眠。」

以常聽到的身體束縛現象，讓對方產生「對喔！」的認識；以「經常妄想的人」這個說法，刺激「悲劇英雄主義」、「少數派心態」。

而且，這樣一說，如果對方是朋友團體，會出現「你可能會被催眠喔！」「我想他絕對會中催眠術！」的聲音。

在圈子中，如果A是容易被其他人說：「A應該會被催眠。」A會因這樣的指摘，而確立在圈子內的立場。

說得通俗一點，就是「被欺侮的角色」，只要自己甘願被其他人羞辱，就能在圈子中保有一席之地。這樣的情況，A會是受術者的最佳選擇。

換句話說，A自身也會努力成為「容易被催眠的人」。

◉催眠SOP③

如果發現A或者類似立場的人物，可對他說：

「那麼，我們稍微來試試看吧。」

讓對方握住小東西，如打火機等等。

需要伸直第一關節、以指尖壓住的物體為佳。

然後，暗示：

「請將意識集中到指尖上，在腦中想像指尖和打火機黏在一起，自己想要分開卻放不掉，在不移動指尖下用力伸直手指，有感受到手背在使力嗎？沒錯，你想要使勁放開，但指尖和打火機卻緊緊黏在一起。」

這就是我開發的**「三十秒肌肉僵直」**催眠範文。

「在不移動指尖下用力伸直手指，手背會感受到在使力。」

其實，這是多數人張開手掌時都會有的狀態。

過去催眠師的做法是，暗示「手變得像石頭一樣」、「手變得硬梆梆」後，將在場碰巧肌肉僵直的人選為「示範硬直的人」。

我的範文僅是說明施力的方式，誘導對方進入「硬直狀態」。這樣可讓更多人體驗手掌硬直的狀態（我自認比過去高出五倍以上）。

施展催眠術時，請觀察對方的表情變化。

看到對方出現驚訝的表情，表示這個人的手掌已經僵直，可接著說：**「你張不開手掌了！」**

催眠術中，後暗示非常關鍵。當對方認為變得僵直時，要馬上暗示：**「沒錯，你已經張不開了！」**

在手僵直之前暗示：「張不開！」對方回應：「沒有啊，張開了。」此時你會感到無地自容吧。

如果沒有出現驚訝的反應，則進入下一個的階段。

◉催眠ＳＯＰ④

「接著放掉手上的力量，感受血液慢慢回流，手掌會漸漸張不開。當你認為自己張不開時，用力張開手掌看看。」

到這邊，多數人都會露出驚訝的表情。

這個範文狡猾之處在於，「當你認為自己張不開時，用力張開手掌看看。」有注意到嗎？因為先說了「當你認為自己張不開時」，所以手掌能夠張開的話，表示「你還沒有認為張不開，就自己張開手掌了」，錯在對方沒有認真投入。術師完全沒有任何責任。

「用力張開」間接暗示了「不努力就張不開」。

透過這樣的語句組合，「手掌張不開的催眠術」十之八九真的會成功。

◉催眠術SOP⑤

當對方手變僵直，不用立刻解開催眠，枉費難得的機會。你可以繼續下一個的催眠。

「手變得硬梆梆了。那麼，你的手臂能夠伸直嗎？」

這麼一問，若對方反應「沒辦法伸直！」馬上接著後暗示：

「沒錯，你的手臂變得硬梆梆，伸不直。」

其實，前一個的問句完全沒有提到「手臂伸不直！」

只是問：「能夠伸直嗎？」

所以，若是對方說「能夠伸直」而伸出手臂，也不會有任何不自然的地方。

「那麼，請你伸直手臂。」

若是對方說「不能伸直」，則直接追加後暗示「沒錯……」

對方回答「能夠伸直」時，可以這樣說來結束催眠：

「那麼，伸出手臂，我來解開手僵直的催眠。」

或者誘導至不同的方向：

「那麼，伸出手臂，這次想像伸直後無法彎曲……」

如果對方做出「伸不直！哇！」的反應，則馬上說：**「沒錯，手臂也變得硬梆梆，伸不直！」**然後，緊接著問：**「能夠站起來嗎？」**一連串催眠下來，對方應該會站不起來。

這可說是零失敗的催眠方式，照這個SOP，大家可輕鬆多練習嘗試。如此一來，你就能培養「催眠術重於後暗示」的感覺，漸漸成為一位有模有樣的催眠師。

「簡易幻術」教你立刻看見幻覺

有「讓對方產生幻覺」的催眠術。

眼前的人看起來什麼都沒穿、把認識的人看做憧憬的偶像等等，這些都是催眠術所產生的現象。

我自己在表演催眠秀的時候，也施展過幾次類似的催眠。暗示「眼前的人是你憧憬的偶像〇〇小姐！」對方竟然流淚上前握手、緊緊抱過來，讓人印象深刻。

因為印象過於深刻，許多人會把催眠術認為是幻術的一種。

甚至還有人提出恐怖的問題：「能夠催眠喜歡的女孩子把我看成偶像，跟我熱情擁吻嗎？」「能夠讓對方產生大廈頂樓旁邊有地板的幻覺，一不小心墜樓下去嗎？」

這邊我想來探討「利用催眠術產生幻覺」的真相。

首先，**幻覺必須是真的存在的現象**。

就現象的觀點來說，因腦部障礙或者麻藥、安非他命所引發暫時恍惚狀態的人，以及思覺失調症（舊稱：精神分裂症）的患者，會出現幻象、幻聽等臨床症狀。

但就視覺的觀點來說，幻覺僅是映出光的反射，經大腦辨識後形成可見影像。

實際上，我自己沒有見過幻覺。雖然可以自我催眠讓身體動不了、笑個不停，但從來沒有體驗過「看見幻覺」。

不過，「看見幽靈」、「被ＵＦＯ抓走」等幻覺才有可能發生的現象，已經超越鬼壓床等一般現象的範疇，若將鬼壓床理解為肌肉僵直的催眠術，那麼在腦中產生「幻覺」的催眠術，也是真有可能做到的吧（雖然鬼壓床的幻覺很可能只是一種睡眠狀態）。

但是，只靠輕度的催眠術，沒有辦法「看見幻覺」。

想要讓對方看見幻覺，需要如同麻藥、安非他命所造成的**「強烈恍惚狀態」**。

在催眠教室，「好，你能看見幻覺了」、「好，你看不見了」可看到催眠師施展類似的催眠術，但這僅是受術者習於被催眠，或者由「想被催眠」的強迫念頭，產生「好像看見」的感覺而說出「抽象事物」。

有鑑於此，我想出了**暗示文「簡易幻術（easy phantom）」**，**任誰都能簡單獲得類似讓他人看見幻覺的效果**。

就想法上來說，如果打算用作控制情感的暗示，則需留意大多數人的共通感受。

「這支筆很有意思！」笑容滿面地說，對方會跟著笑出來：「是啊，好像很有意思。」

這是利用跟著笑的情感傳達。

同樣地，「這支筆真的很棒耶！」飽含感情這麼說，對方就會表示：「的確看起來很棒。」

這類似於「將對方看成憧憬人物的催眠術」、「喜歡上某人的催眠術」。

暗示文如下面所述。

將過去的說法：「數到三清醒後，你會把眼前的人看作偶像田中先生（假定）。一、二、三！」改成：

「數到三清醒後，你會對眼前的人產生類似遇到偶像田中先生的情感，感到臉紅心跳，覺得非常害羞。一、二、三！」

不論是被哪一種說法催眠，不覺得都會發生相同的現象嗎？

只要練熟這個傳達情感的暗示，便能獲得類似幻覺效果。

我把這個想法命名為「簡易幻術」，數年前於日本發售成ＤＶＤ。

比如，「看見腳邊有許多蟑螂！」的幻覺暗示，說成：「數到三清醒後，你會覺得腳邊好像有很多蟑螂，內心感到非常害怕。」即便後面加上「看不見」的敘述，仍舊有相同的效果。

「數到三清醒後，腳下出現一大片絨毯，上面每個接縫都看起來像小蟑螂一樣噁心，整個人感到毛骨悚然。一、二、三！」即便描述成「看見絨毯」，對方清醒後，還是會嚇得跳上桌子不願下來。

「雖然想要嘗試被催眠，但我不怎麼相信能看見幻覺。」這樣想的人請務必試試「簡易幻術」。

反覆數次後，真的有受術者興奮地說：「我看見了！」

自我催眠、自我暗示有極限

「能靠自我暗示激發潛能、控制情感嗎？」這也是我常被問到的問題。偶爾遇到擺明是來踢館的客人：「催眠我看看啊！」我會淡定回應：「你先自己握拳，如果你深信手會變僵直，就會變得硬梆梆。你自我暗示成功後，我再接著下面的催眠。試試吧。」但這只是把責任轉嫁給對方，跟自我暗示相去甚遠。

如同前面提到，在不曉得無酒精啤酒的包裝標籤被調包的情況下，許多人真的會因此喝醉，哪天店家擅自更換標籤，就變成是日常上的暗示了。

這次直接拿出無酒精啤酒，說：「我現在要催眠你，把這瓶無酒精啤酒想成是普通的啤酒。數到三，這會變成普通的啤酒，喝下你會醉醺醺。一、二、三！」就變成是催眠術。

而自我暗示是，自己買瓶無酒精啤酒，放到桌子上喃喃自語：

「這是瓶普通的啤酒、這是瓶普通的啤酒……」

可想而知，少有人真的因此喝醉。

換句話說，**自我暗示得具備足夠的深信能力，才有辦法實際做到。**

假設「真的做到自我暗示」，這跟中了催眠術的人相同，只是當事人「自己本身相信自我暗示」。

比如，你看著桌上無酒精啤酒，喃喃自語：「這是瓶普通的啤酒……」同居的女友看得傻眼，趁你稍微去上廁所的空檔，一時興起惡作劇，瓶子保持無酒精的包裝，但把內容物換成普通的啤酒。

上完廁所回來，你繼續低喃：「這是瓶普通的啤酒！」然後喝下去，你會因為酒精作用而臉龐泛紅、心跳加快。

此時，你會認為：

「太棒了！成功了！我做到自我暗示了。」

後來，因為你相信了自我暗示，即便女友沒有調包內容物，自己對著無酒精啤酒低喃「這是瓶普通的啤酒」再喝下，真的會發生酒醉臉紅的現象。

大家隱約體會到自我暗示的極限了吧？

催眠原理可運用到實際生活

了解自我暗示的原理後，「喔，原來如此。那麼，自我暗示對我沒有效，因為我自己又不相信。」許多人會導出這樣的結論，但這是非常可惜的事情。

「店家販售偽裝成普通啤酒的無酒精啤酒」、「女友偷偷掉包無酒精啤酒」等，你必須碰到這樣的情況，暗示才可能成功。

順著本書的內容讀下來，或許會覺得這是理所當然的事情，但喝無酒精啤酒而喝醉，說是魔術戲法也不為過。實際上，這也經常發生在日常生活上。

學習催眠術，掌握施展方式，並經歷失敗的經驗，**作為催眠師從事講師的工作，這樣真的非常可惜**。

你現在掌握催眠術的真相，了解真的有人會中催眠術、被催眠的理由以及催眠的原理，經過一番計算謀劃，你應該能夠引發「把無酒精啤酒說成普通的啤酒」的現象（這並不是要你經營販售偽裝無酒精啤酒的餐飲店）。

使用的方式有好有壞。

如何讓無法挽救的商品好看大賣、怎麼吸引心上人的注意，讀完本書之後，應該都有能力「謀劃」。

算計「感到棘手的對象想要什麼？」「提出什麼條件對方才會滿足？」等等，還可以輕易操弄對方。

這樣才是真正的「善用催眠術」。

克服失敗挑釁是成功關鍵

想要控制自身內心，根本想法必須要改變。

簡單講就是**「不向對方展露惡意」**。

洞察對方的人性、欲求以及他想要扮演什麼樣的角色，不輕易讓自己生氣或者嫌惡對方。

施展催眠術時，對方表現挑釁的態度：「能夠催眠我，你就試試看啊。」表演魔術時，不願服輸小學生常說：「這個我知道」、「之前在電視上看過」等等，這些都是再正常不過的情況。

當然，不能一被挑釁：「你就試試看啊！」自己就氣憤：「誰怕誰，一決勝負！」這樣即便真的被催眠了，對方也不會說：「我服輸了。」

「這個我知道。」「你絕對不知道。」不斷對峙下去，魔術秀只會不了了之。

演變到最後，觀眾要求綁住雙手雙腳，裸露全身表演魔術，不但表演會以失敗告終，表演者也會顏面盡失（我曾有過被說「右手很可疑、袖子很可疑」，最後裸露上半身繼續表演魔術的經驗，那真的是愚蠢至極）。

「能夠催眠我，你就試試看啊！」這樣說的人，只是想要展現「我不會被催眠」。

「這個我知道。」這樣說的小學生，只是想要主張：「大家都被騙得團團轉，但我才不會被那種伎倆騙。」

想要演出滿足所有人的娛樂節目，**除了想辦法滿足這樣的觀眾，還要讓表演秀完整落幕**。

即便對方莫名採取敵對的態度，也要試著理解他有自己的立場、身邊有跟著一起來的人，或是他想要展現上下關係（對魔術、催眠術表現敵視的場合，基本上是想要展現自己優越於表演者）。

表演者需要洞察對方心情，比如在高速公路上遇到加速超車的車輛，不是破口大罵「到底會不會開車啊」，而是設想「他可能遇到親友病危吧」，只要**你這邊充分發揮想像力**，**就不會被敵對的態度牽著鼻子走**。

施展催眠術時，必須**抱持著像這樣有如受虐狂的思維才行**。

結語　終極的催眠技巧

我從小就喜歡「不可思議的東西」、「娛樂他人的事情」，所以才開始接觸魔術、催眠術。

起初，我跟其他人一樣疑惑：「真的有催眠術嗎？」而敲響催眠教室的大門。然後，我抱著「能夠催眠我，你就試試看啊」的心情，站出來挑戰被催眠。學到一定程度之後，某個晚上我找酒吧的客人嘗試，「要不要試試手變僵直的催眠術？一、二、三！」

然後，那位客人邊揮舞拳頭邊緊張地說：「哎！張不開！快點幫我解開啊！」

若這是吉他教室，情況會是如何呢？

當天學到一點皮毛就跑到酒吧表演，被數落：「彈得真爛。再加點油吧。」吉他不是一天就能學起來的技術。不過，催眠術馬上就能發揮效果。

這是因為**催眠術不是技術**、**也不是話術**。

用一句話來說催眠術，就是**「相信催眠師」**。

想要讓他人相信自己，靠得不是言語，而是「我能為那個人做點什麼」的心態。

認為娛樂他人就是自身的快樂，這樣的我花了一天的時間就成為了催眠師。反過來說，不是真心想要娛樂他人的人，把催眠術理解為一種技術、話術，只想著「磨練自己的手腕」，不論經過多少年都「沒辦法催眠他人」。

我認為，終極的催眠技巧是**「不樹立敵人」**、**「和敵人處好關係」**。

不斷表演催眠術與魔術，經歷種種失敗，我注意到各式各樣的法則、傾向。這些法則、傾向，就「如同」本書所分享的技術。

「為什麼那個人不會被催眠呢？」

「為什麼那個人看了魔術不感到吃驚呢？」

循循苦思這些問題，我將得到的答案統整到這本書當中。

然後，在逐步理解催眠術真正樣貌的過程中，也對**世上的「真理」有某種程度了解**。

「為什麼會被詐騙犯給騙？」

「為什麼算命會說中？」

「為什麼會覺得那間店的料理美味？」

「為什麼人會愛上對方，最後又失去熱情呢？」……。

這些世間「真理」就是，人的行動會受到「催眠術」、「暗示」左右。

我注意到，不論是賺大錢的富翁還是善於詐騙的騙子，**這些被稱為人生「贏家」的人，都會自然且無意識地操弄「暗示」**。

同時，受騙者等**被稱為人生「輸家」的人，像是自願似地受到「贏家」所控制**。

若是稍微擁有催眠、暗示的技術，或者略懂一些皮毛，他們應該就不會被騙、被甩或者當冤大頭才對。

我因為湊巧對催眠術、魔術感興趣，也具備一點彎曲湯匙的能力，錄製結合催眠術與魔術的教學DVD，並在各領域小有名氣，才能像這樣自己經營咖啡店。

然後，與多到數不清的客人交流「催眠術、魔術」，多年觀察「會被催眠的人」、「不被催眠的人」，才能像這樣以出版書籍的形式，分享自己所得到的結論。

雖然聽起來像是自吹自擂，但這本書可是集結**「多年來不斷催眠他人所體悟的真理」**，極具價值。

就像自稱「我是催眠師」會遭到客人挑釁：「能夠催眠我，你就試試看啊！」出版有關「操縱他人」的書籍，肯定會有人跳出來：「有種，你就操縱我的內心看看啊！」

有贊同的人、也有反對的人，但這本書毫無疑問集結了我多年來從實際經驗所推導出來的結論。

如果本書能對讀者在某方面帶來幫助，那將是作者我至高無上的喜悅。

Birdie

國家圖書館出版品預行編目(CIP)資料

詐騙心理學：破解邪教團體、詐騙犯慣用的心理
技巧 / Birdie 著 ; 衛宮紘譯. -- 初版. -- 新北市：
世潮, 2018.05
面； 公分. --（暢銷精選 ; 69）
ISBN 978-986-259-054-6（平裝）

1.催眠術 2.暗示

175.8 107003668

暢銷精選 69

詐騙心理學：破解邪教團體、詐騙犯慣用的心理技巧

作　　者／Birdie
譯　　者／衛宮紘
主　　編／陳文君
責任編輯／李芸
封面設計／林芷伊
出 版 者／世潮出版有限公司
地　　址／（231）新北市新店區民生路 19 號 5 樓
電　　話／（02）2218-3277
傳　　真／（02）2218-3239（訂書專線）（02）2218-7539
劃撥帳號／17528093
戶　　名／世潮出版有限公司　單次郵購總金額未滿 500 元（含），請加 80 元掛號費
世茂官網／www.coolbooks.com.tw
排版製版／辰皓國際出版製作有限公司
印　　刷／世和印刷股份有限公司
初版一刷／2018 年 5 月
　　五刷／2023 年 10 月

ISBN／978-986-259-054-6
定　　價／320 元